Selbst porträtieren

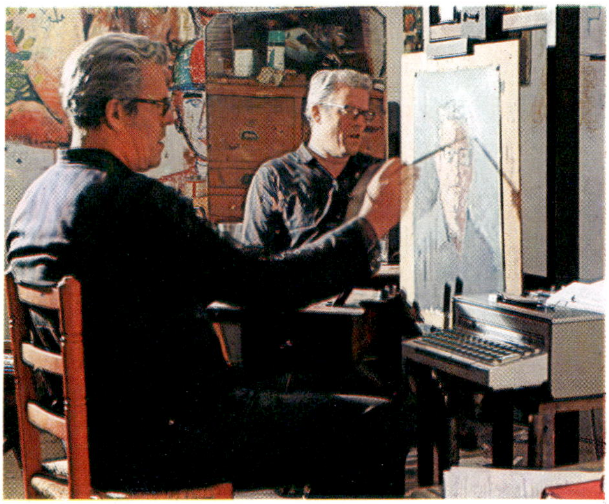

Selbst porträtieren

José M. Parramón

Aus dem Französischen übertragen
von Christa L. Cordes

EDITION
MICHAEL FISCHER

Titel der Originalausgabe: „El autorretrato“
Aus dem Französischen übertragen von Christa L. Cordes

1. Auflage 1986

Herstellung und Satz:
Verlagsservice Henninger GmbH, Würzburg
ISBN 3-924433-22-4

Printed in Spain by
Sirven Grafic, S.A., Gran Vía, 754 -
08013 Barcelona (Spain)

Register Book Number: 785
Legal Deposit: B-20.244-86

Inhaltsverzeichnis

Drei berühmte Selbstporträts aus den letzten Lebensjahren von Vincent van Gogh (1888–1890). Man nimmt an, daß das dritte, hier in Farbe abgebildete Selbstporträt van Goghs letztes Werk war. Es wird als eines seiner besten Gemälde betrachtet.

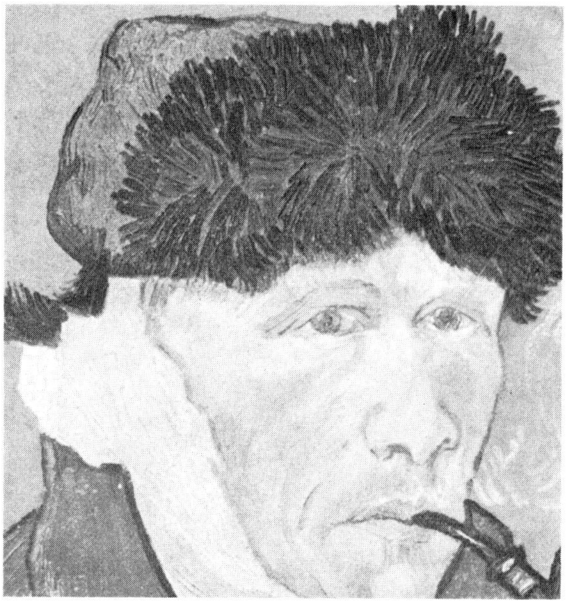

Abb. 1

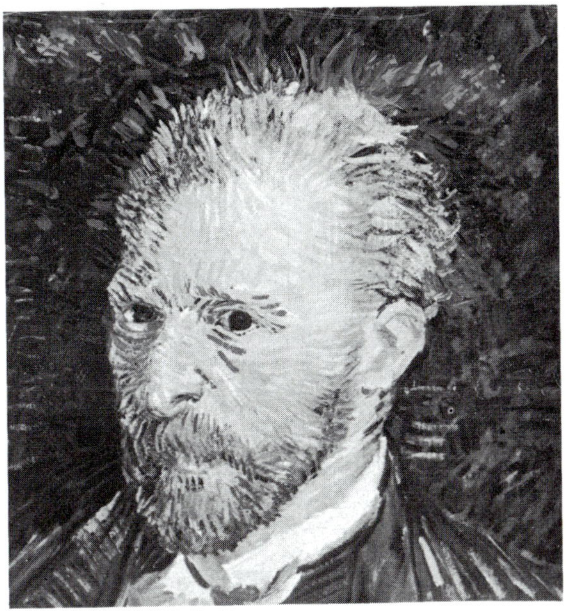

Abb. 2

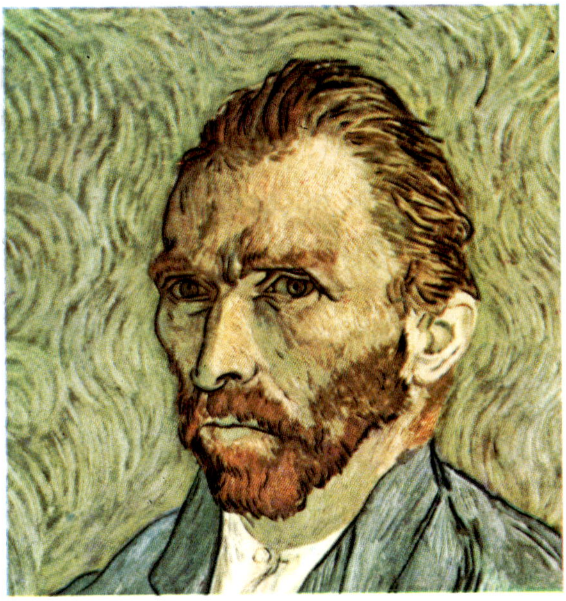

Abb. 3

Drei berühmte Selbstporträts von Vincent van Gogh

„Du sprichst von der Leere, die Du empfindest.
Bei mir ist es genauso.
Theo, die ganze Vereinsamung und die Armut,
die mich umgibt, all das Unverständnis und
all diese Beleidigungen machen mich verrückt."

Vincent van Gogh an seinen Bruder Theo eineinhalb Jahre vor seinem Selbstmord.
Arles, 1888.

Es war der 23. Dezember 1888.

Paul Gauguin und Vincent van Gogh lebten und malten seit zwei Monaten gemeinsam in Arles in der Provence. Wie an so vielen Tagen redeten sie auch heute über die Malerei. Diesmal, am Vorabend von Weihnachten, wurde die Diskussion jedoch ungewöhnlich heftig. Van Gogh verteidigte den Pointillismus, während Gauguin diese extravagante Malweise ablehnte. Da holte van Gogh sein letztes Selbstporträt, das bis zu einem gewissen Grad in diesem Stil gemalt war. Er stellte es vor Gauguin, doch dieser ließ ihm keine Zeit, etwas dazu zu sagen.

„Dieses Selbstporträt gehört auf den Müll! Es ist völlig verrückt!" rief Gauguin aus.

Die Krise erreichte ihren Höhepunkt.

Van Gogh stürzte sich mit einer Rasierklinge in der Hand auf Gauguin. Gauguin konnte ihn jedoch leicht überwältigen und hob ihn auf sein Bett. Noch in derselben Nacht lief van Gogh nach einem weiteren Tobsuchtsanfall in sein Atelier und trennte sich mit einem einzigen Schnitt unmittelbar am Schädel das linke Ohr ab – „Um mich selbst zu bestrafen", wie er erklärte. Anschließend packte er das Ohr sorgfältig ein und schickte es an ein junges Mädchen aus dem Dorf.

Er hatte den Verstand verloren.

Drei Tage nach diesem Ereignis setzte sich van Gogh, den Kopf noch verbunden, vor einen Spiegel und malte eines seiner berühmtesten Selbstporträts.

Im Mai 1889 begann van Gogh's letzter Lebensabschnitt. Er war gerade 36 Jahre alt. Er wurde in die psychiatrische Anstalt von Saint-Rémy aufgenommen. Van Gogh war krank. Doch in seinen klaren Momenten wurde er zu einem der größten Künstler aller Zeiten. Er malte fieberhaft und verzweifelt – mehr als 150 Bilder in einem einzigen Jahr – in einer Art und Weise und mit Farben, die niemals übertroffen werden sollten.

In dieser Ausnahmesituation malte van Gogh auch sein letztes Selbstporträt – „das Meisterwerk seines Lebens" –, um Germain Bazin, den Direktor und ehemaligen Konservator des Louvre zu zitieren. Es ist jenes Selbstporträt, das auf dem Einband dieses Buches abgebildet ist, und das letzte einer Serie von zweiundzwanzig Porträts, die er im Laufe seines kurzen, bewegten Lebens anfertigte.

Van Gogh starb an einem sonnendurchfluteten Sonntag im Juli 1890 inmitten eines goldenen Weizenfeldes, das er noch wenige Tage zuvor gemalt hatte. Er wurde 37 Jahre alt. Er beging Selbstmord, indem er sich eine Revolverkugel in die Brust schoß.

Abb. 4

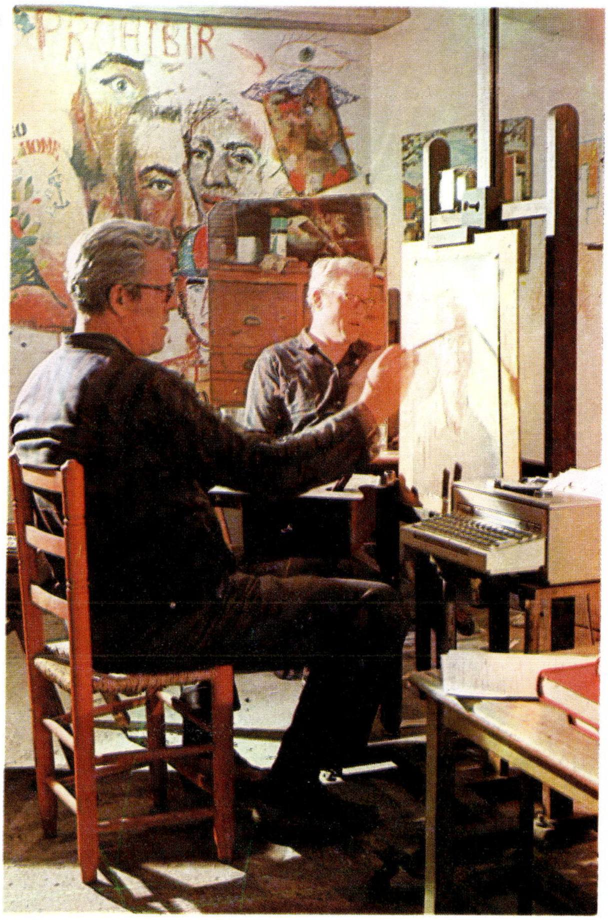

Einführung in das Thema

Soweit mir bekannt, hat bis heute noch niemand ein Buch über die Kunst des Malens eines Selbstporträts verfaßt.

Trotzdem kann es keinen Zweifel geben, daß es sich um ein häufiges Thema handelt; ich würde sogar sagen, es ist beinahe eine Pflichtübung für jeden, der sich Künstler nennen will. Es gibt in der Tat keinen Zeichner oder Maler, der nicht ein, zwei oder mehrere Male sein eigenes Porträt angefertigt hätte. Manchmal wurde daraus – wie bei van Gogh – weit mehr als eine Studie, nämlich ein außergewöhnliches Selbstporträt. Künstler, die nie oder fast nie ein Gesicht dargestellt haben, Spezialisten für die Landschaftsmalerei wie Pissarro, Utrillo und Palencia, Abstrakte wie Tapies oder Miro und selbst Bildhauer wie Rodin und Moore haben sich eines Tages gleichfalls vor den Spiegel gesetzt und ihr Porträt gezeichnet oder gemalt.

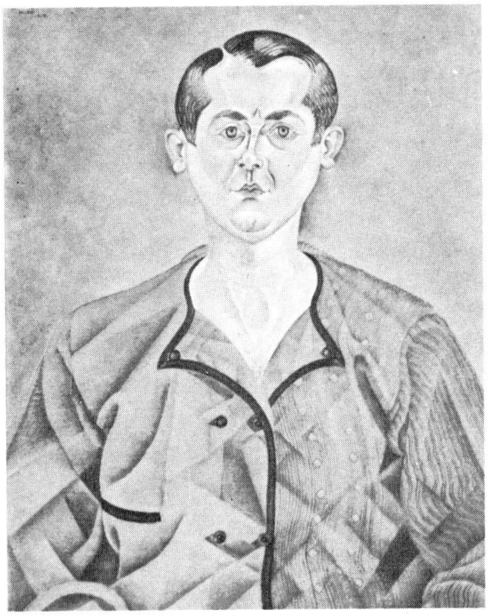

Abb. 5

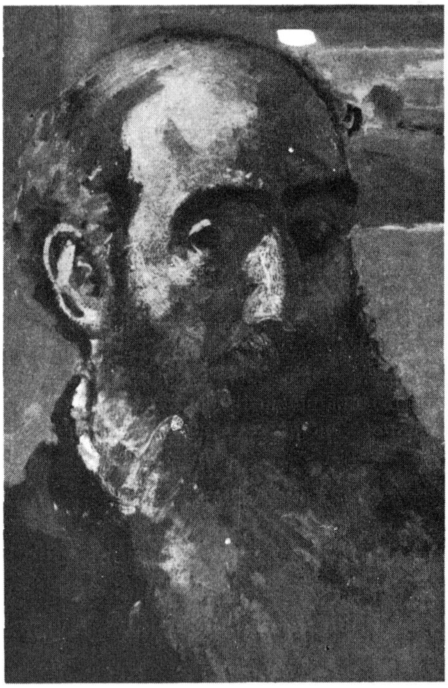

Abb. 6

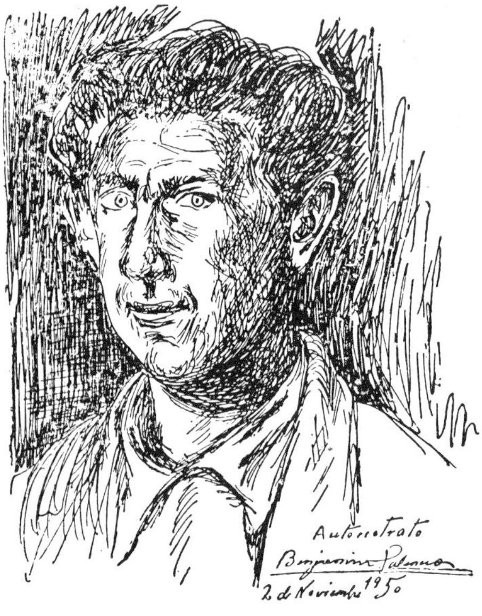

Abb. 7

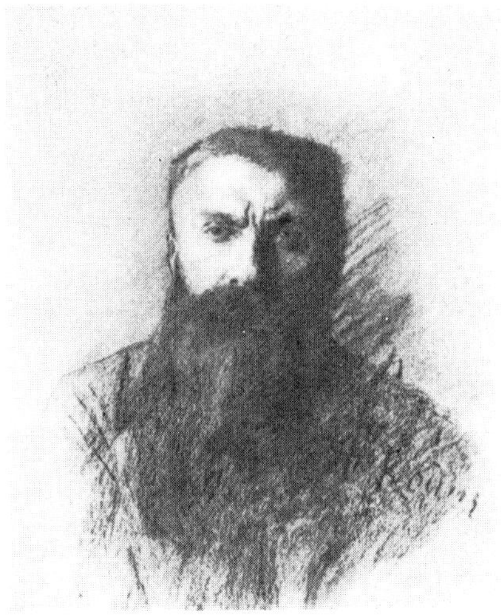

Abb. 8

Selbstporträt des abstrakten Malers Miro, des Landschaftsmalers Pissarro, des Landschaftsmalers Benjamin Palencia und des Bildhauers Rodin.

Woher rührt diese Vorliebe für ein Thema, das auf den ersten Blick nur die Eitelkeit des Künstlers zu befriedigen scheint, jenen mehr oder weniger prononcierten Narzißmus, den jeder von uns in sich trägt? Die Antwort ist meiner Ansicht nach ganz einfach: Das Selbstporträt ermöglicht das Studium und das Experimentieren mit den Farben des menschlichen Gesichtes und insbesondere des Porträts, ohne dazu ein Modell zu engagieren, in der Zeit beschränkt oder an bestimmte Stunden gebunden zu sein. Denn eines ist sicher: Es gibt kein besseres Modell als den eigenen Körper: Man selbst ist willig, kostet nichts und ist eher als jeder Fremde bereit, zu jeder Tageszeit klaglos ein, zwei oder mehrere Stunden zu posieren, und man braucht sich weder um die Pose, die eigene Müdigkeit noch um die Ähnlichkeit zu sorgen.

Beim Zeichnen oder Malen des eigenen Gesichtes, wie es der Spiegel reflektiert, kann der Künstler den Aufbau des menschlichen Kopfes, die Linien eines Teils des Gesichtes, einer Hand oder eines Arms in einer bestimmten Position oder Haltung etc. untersuchen. Er kann die Fleischfarbe analysieren und die Farbskalen für die Licht- und Schattenzonen sowie für das reflektierte Licht festlegen. Mehr noch: Der Künster kann beim Malen des menschlichen Gesichtes eine neue Herstellungsart oder einen neuen Stil und eine bestimmte Harmonie ausprobieren – kurz gesagt: eine neue Malweise erproben.

Es ist bekannt, daß viele berühmte Zeichner zahlreiche Probleme des Aufbaus, des Ausdrucks, der Bewegung oder Haltung, so weit sie das Gesicht und den Körper ihrer Gestalten betreffen, anhand von Studien vor dem Spiegel und Skizzen ihres eigenen Gesichtes, ihrer Hände und ihres Körpers gelöst haben.

Schließlich braucht man beim Malen eines Selbstporträts sein Haus nicht zu verlassen. Es sind keinerlei Gegenstände für ein Modell notwendig, noch muß man auf eine bestimmte Stunde warten, wie dies bei einer Landschaft oder einem Stilleben der Fall sein kann. Auch die Komposition des Themas, der beste Standpunkt oder der geeignetste Gesichtswinkel müssen nicht extra untersucht werden. Man braucht ausschließlich einen Spiegel und Tageslicht (oder eine Lampe). Mehr ist, abgesehen von einem Blatt Papier und einem Bleistift, nicht nötig, um einen ganzen Nachmittag – in Ihrem Fall vielleicht einen Sonnabend oder Sonntagnachmittag – bei dieser wirklich hinreißenden Aufgabe zu verbringen. Denn das ist das Lernen des Zeichnens oder Malens Ihres eigenen Porträts nach der Natur ganz gewiß.

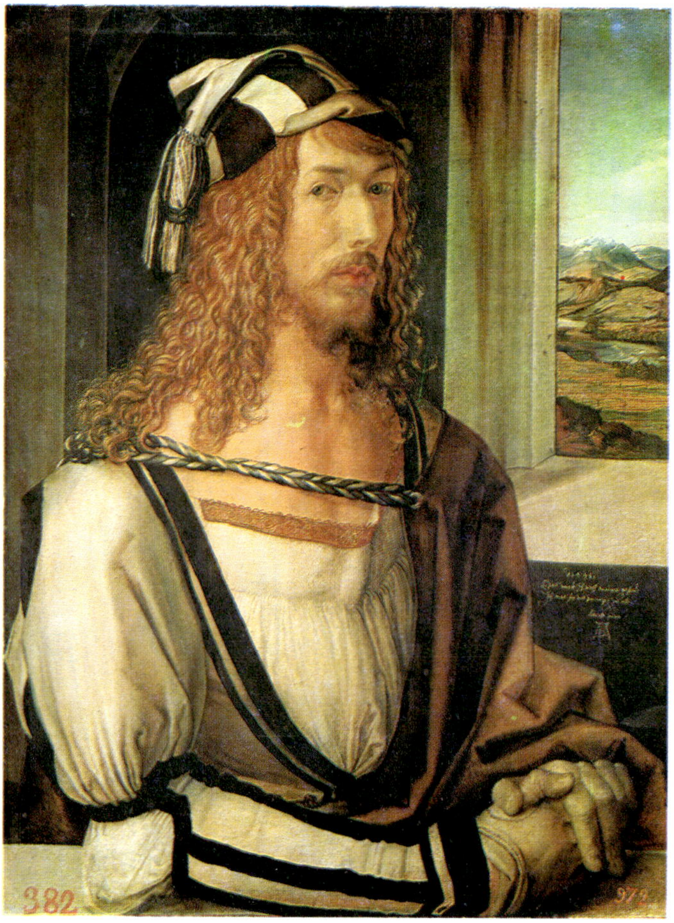

Abb. 9

Vier berühmte Selbstporträts

Bevor wir mit dem eigenen Porträt beginnen, erlauben Sie mir, Ihnen vier Beispiele für berühmte Selbstporträts vorzustellen. Sie gehören vier Epochen an und sind in vier unterschiedlichen Stilen hergestellt worden, wobei jedes stellvertretend für eine bestimmte Malweise steht.

Das Selbstporträt von Albrecht Dürer

Albrecht Dürer wurde 1471 in Nürnberg geboren. Er war ein hervorragender Zeichner und Graphiker und besaß ein gewaltiges Arbeitsvermögen. Er gilt als der geistige Urheber der Renaissance in Deutschland.

Dürer malte dieses berühmte Selbstporträt, dessen Original sich im Prado in Madrid befindet, im Alter von 27 Jahren. Er hat dies selbst in der Inschrift, die sich unterhalb des Fensters befindet, festgehalten: „1498. Das macht ich nach meiner Gestalt. Ich war sex und zwanzig Jahre alt."

Dürer hatte bereits eine gesellschaftlich gehobene Position erreicht. Vier Jahre zuvor hatte er die Tochter eines reichen Kaufmanns geheiratet. Er hatte Italien bereist und Freundschaft mit Bellini, Carpaccio und Mantegna geschlossen. Vor zwei Jahren war er nach Nürnberg zurückgekehrt und hatte sein Atelier eröffnet. Unter anderem hatte er seine berühmte Xylographie der „Apokalypse" beendet, die ihm Ruhm und Vermögen einbrachte ... Seinem Biographen zufolge verspürte daraufhin das Bedürfnis, ein Selbstporträt herzustellen, das seine Position und seinen Rang widerspiegelte. Zu diesem Zweck frisierte er sich, zog seine besten Gewänder an und stellte sich mit bedeutender Miene in jenem sehr persönlichen, sehr zeichnerischen und vielleicht in der Ausarbeitung zu vollendeten Stil dar, als wollte er beweisen, daß er in der Lage war, die Wirklichkeit ganz genau widerzugeben.

Aber lassen wir die minutiöse Widergabe beiseite – heute würde Dürer anders malen und die Freude am Detail und der Objektivität dem Fotoapparat und dem Farbfilm überlassen. Dürers Selbstporträt ist ein Meisterwerk und wert, nachgeahmt zu werden. Man kommt beim Komponieren, bei der Wahl der Pose und des Ausdrucks sowie der Farbenharmonie nicht an ihm vorbei.

Das Selbstporträt von Leonardo da Vinci

Der berühmte Leonardo, der 1452 als unehelicher Sohn eines Meisters Petro und dessen Geliebten Katharina im Dorf Vinci geboren wurde und das nicht weniger berühmte Porträt der Mona Lisa anfertigte, malte sich bei einigen seltenen Gelegenheiten auch selbst. Es wird vermutet, daß das Selbstporträt auf der folgenden Seite, das mit Zeichenkohle auf Büttenpapier angefertigt ist, 1518 entstand, als der Maler 58 Jahre alt war.

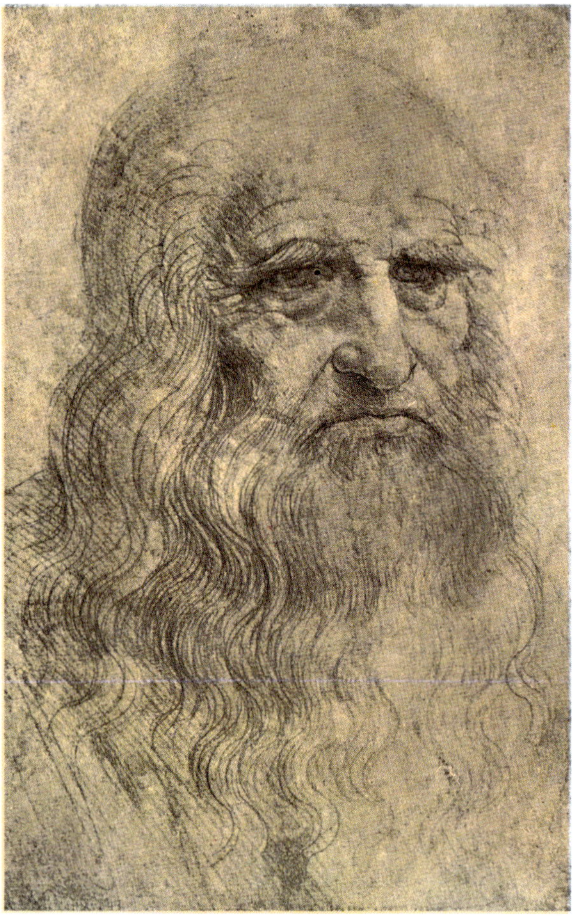

Abb. 10

Es handelt sich eher um eine Studie als um ein Selbstporträt – eine jener Zeichnungen also, mit der man den menschlichen Kopf untersucht. Und das tut der Künstler immer wieder, sei es als Vorstudie für das Gemälde eines Gesichtes, eines Porträts oder seines Selbstporträts. Durch die fehlende Verantwortung gegenüber einem angeheuerten Modell, einer Pose und selbst der Sorge für die Ähnlichkeit erhält die Zeichnung eine Freiheit des Ausdrucks, Spontaneität und Sicherheit.

Nehmen Sie sich ein Beispiel daran, denn genau darum geht es. Zeichnen Sie nicht nur einmal, nein immer wieder Ihren eigenen Kopf, bis Sie ebenfalls diese Leichtigkeit und Sicherheit erreicht haben.

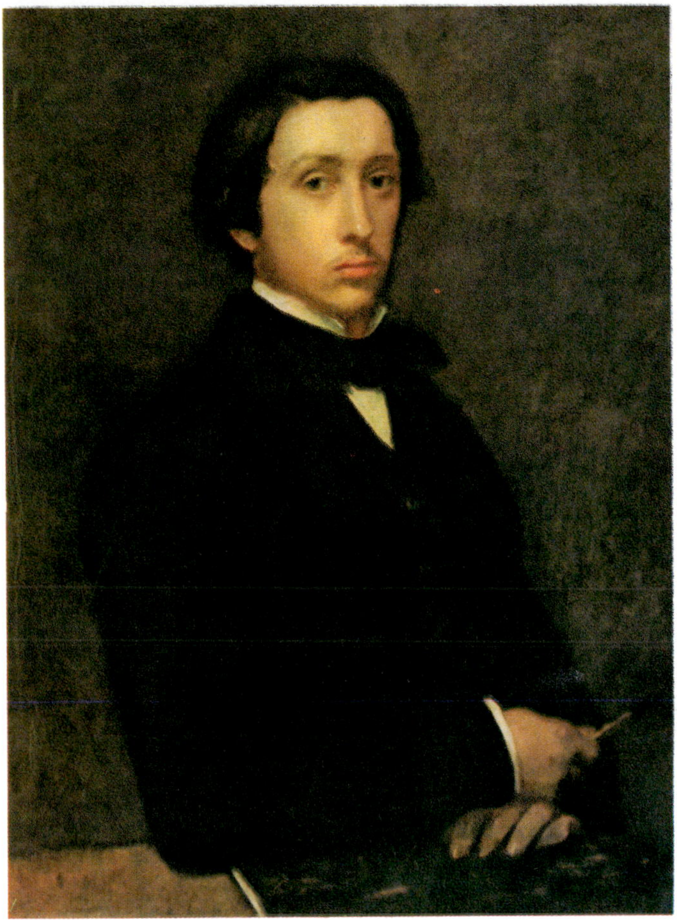

Abb. 11

Das Selbstporträt von Edgar Degas

Degas wurde 1834 in Paris als Sohn einer reichen Bankiersfamilie geboren. Mit 18 Jahren brach er sein Jurastudium ab, mit 20 Jahren zeichnete und malte er den ganzen Tag – „ich bin geboren um zu malen" – und hörte nur auf, um in den Louvre zu gehen und die Porträts von Ingres zu betrachten, seinem damaligen Lieblingsmaler.

Edgar Degas starb allein und beinahe blind im Alter von 83 Jahren. Aufgrund seiner Vorliebe für Zeichnungen und Gemälden von Gesichtern – Tänzerinnen, Frauenakten, die Welt des Theaters und der Musikhallen, die Stimmung beim Ballett und im Zirkus – malte er sehr häufig sein Selbstporträt. Dafür posierte er vor einem Spiegel und studierte die Positionen, die Gesichtswinkel und die optischen Verkürzungen.

Degas malte dieses Selbstporträt (Abb. 11) 1855 im Alter von 21 Jahren. Zu jener Zeit war er mit Manet befreundet. Die beiden Männer entdeckten die japanische Kunst, die ihnen neue Methoden und ein Kompositionsprinzip aufzeigte, durch die das Gemälde nach und nach eine Verwandlung erfuhr: es erreichte die Tiefenwirkung des Hauptmotivs nun aufgrund einer maximalen Synthese der anderen Bildelemente.

Um diesen Gedanken besser zu verstehen, lassen Sie uns zunächst festhalten, worin das Hauptmotiv eines Selbstporträts besteht: Es handelt sich eindeutig um den Kopf und das Gesicht.

Vergleichen wir jetzt Dürers Selbstporträt mit dem von Degas. Wir erkennen, daß das Interessenzentrum oder Hauptmotiv in Dürers Gemälde – der Kopf und das Gesicht – durch die Linienführung jener Kordel, die quer über den Ausschnitt verläuft, den Kontrast der Formen und Farben in der Kleidung, den schwarzen Rand auf dem weißen Tuch sowie die absolut perfekt gemalten behandschuhten Hände „Konkurrenz bekommt" und ausgeglichen wird. Denn natürlich spricht diese Perfektion an und erregt unsere Aufmerksamkeit.

Beim Selbstporträt von Degas ist der Hintergrund dagegen neutral, der Anzug ist dunkel, ja beinahe formlos und ohne Falten, die Hände sind fast im Halbschatten verborgen ... Nur das Gesicht ist beleuchtet. Es besitzt Volumen und Farbe und bildet das Interessenzentrum des Gemäldes.

Abb. 12

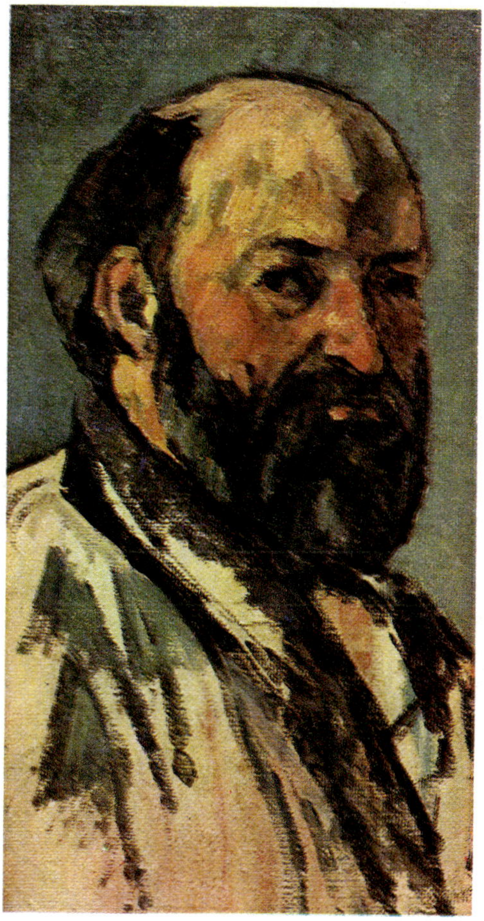

Das Selbstporträt von Paul Cézanne

Paul Cézanne wurde 1839 in Aix-en-Provence geboren. Er ging nach Paris und schloß sich der Gruppe der Impressionisten an: Manet, Monet, Pissarro, Renoir, Sisley, Degas, Guillaumin ... Das oben abgebildete Selbstporträt (Abb. 12) malte der Künstler im Alter von 41 Jahren. Seine Technik, seine Farbgebung und selbst das Format – eine winzige Leinwand von 15 cm Breite und 26 cm Höhe – beweisen eindeutig, daß Cézanne bei dieser Gelegenheit (und beinahe jedesmal, wenn er sich selbst darstellte) kein Selbstporträt im eigentlichen Sinne herstellen wollte, sondern eine Gesichtsstudie oder, besser ausgedrückt, eine Farbstudie, die er in absoluter Freiheit und mit maximaler Kraft auf der Leinwand anfertigte: Sie ist sehr überlegt, um eine größtmögliche Synthese in der Ausführung in einem breiten, nüchternen, energischen, gewagten, ja verwegenen Strich zu erhalten. Betrachten Sie dieses Selbstporträt bitte ebenfalls als gutes Beispiel dafür, was Sie unternehmen müssen, um Ihr Selbstporträt herzustellen – mit anderen Worten: als Beispiel, das es wert ist, nachgeahmt zu werden. Es kann gleichzeitig Ziel und Ausgangspunkt sein.

Abb. 13

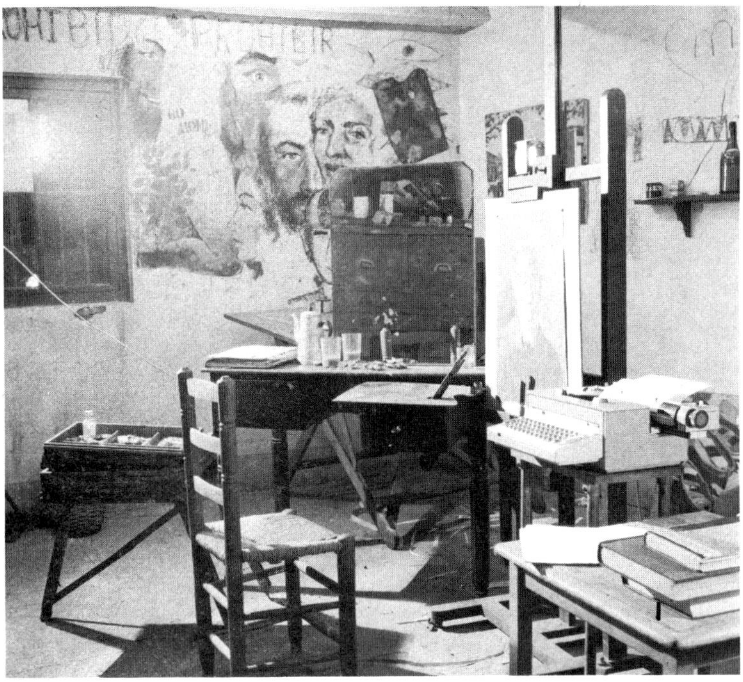

Das Selbstporträt

Und jetzt ohne weitere Vorrede oder Abschweifung an die Arbeit.

Zunächst benötigen wir einen Tisch normaler Größe, einen verhältnismäßig großen Spiegel, ein Zeichenbrett und eine Malerstaffelei, normalerweise als Studiostaffelei bezeichnet. Mit ihr arbeiten wir, wenn wir zur Farbe übergehen. Falls Sie abends arbeiten wollen oder müssen, brauchen Sie darüber hinaus eine schwenkbare Tisch- oder Bürolampe mit einer 100 W-Birne.

Der Tisch in meinem Atelier mißt 80 × 150 cm.
Die Größe des Spiegels beträgt 60 × 90 cm.
Mein Zeichenbrett ist 50 × 65 cm groß.
Die Zeichenbretter bestehen aus 4 bis 5 mm starkem Sperrholz, das durch einen Rahmen und ein Holzkreuz auf der Rückseite verstärkt wird. Sie finden sie in Künstlerbedarfsgeschäften.

Damit der Spiegel völlig senkrecht steht, habe ich ihn mit Eisendraht an einer alten Holzkiste befestigt, die auf meinem Arbeitstisch steht. Wie aus der Abbildung auf der gegenüberliegenden Seite hervorgeht, habe ich die Lampe so auf die Holzkiste und drei mehr oder weniger dicke Bücher gestellt, daß der Arm und der Schirm vor dem Spiegel liegen.

Man kann ein Selbstporträt mit Bleistift, Zeichenkohle, Rötelstift etc. herstellen und ebenso bei Kunst- wie bei Naturlicht arbeiten. Dazu braucht man sich nur vor einen Spiegel zu setzen, ein Zeichenbrett zu nehmen und eine Seite auf den Leib und die andere gegen den Rand eines Tisches zu stützen. Allerdings kann man auch mit einem senkrecht stehenden Zeichenbrett arbeiten, als handelte es sich um eine Studiostaffelei.

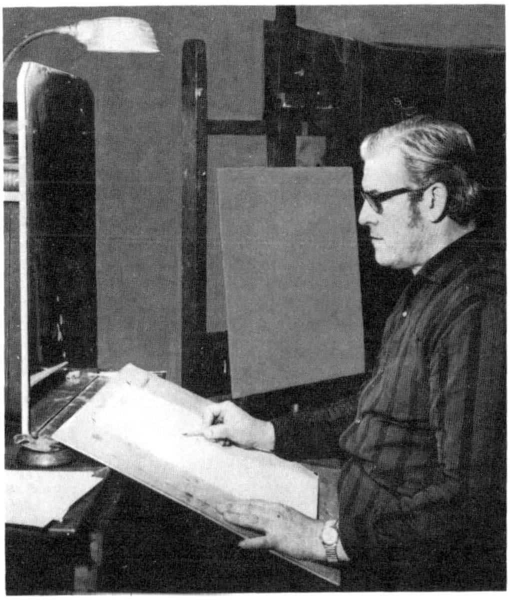

Abb. 14

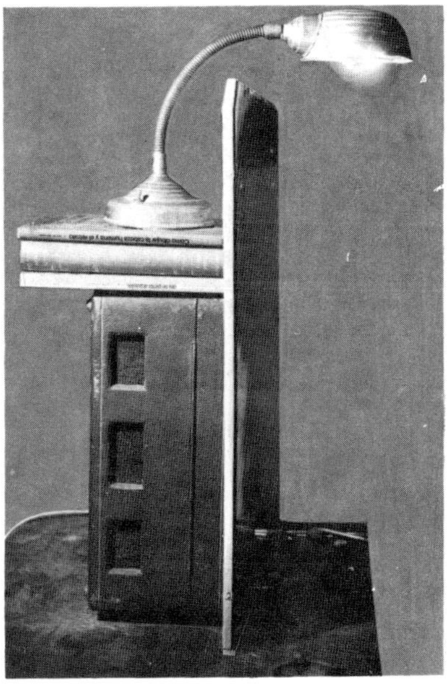

Abb. 14a

Setzen Sie sich an den Tisch, vor den Spiegel. Stützen Sie das Zeichenbrett so gegen den Tischrand und auf ihren Leib, wie Abbildung 14 es zeigt. Sie stellen fest, daß der Künstler während der Arbeit ziemlich aufrecht sitzt, damit er mit einem Blick das gesamte Zeichenbrett und seine ganze Zeichnung umfassen kann. Der relativ große Abstand von der Zeichnung zwingt Sie, mit leicht ausgestrecktem Arm zu zeichnen und den Stift innen in der Handfläche zu halten. Dieses Verfahren wollen wir anschließend anhand einiger Zeichnungen üben. Beachten Sie zum Abschluß, daß eine wie auf Abbildung 14 plazierte Lampe sowohl Ihr Gesicht als auch das Zeichenbrett ausreichend beleuchtet.

Sie beginnen mit der klassischsten und am weitesten verbreiteten Technik: der Bleistiftzeichnung. Ich rate Ihnen zu einem etwas weicheren Bleistift als dem üblichen Stift Nr. 2 und zu einer höheren Qualität wie 2B oder 3B. Hinsichtlich des Zeichenpapiers empfehle ich für die Studien und Skizzen ebenfalls eine gehobene Qualität, nämlich das spezielle Skizzenpapier, das gut verleimt ist und dessen Korn nicht gleich verschwindet, wenn man mit dem Radiergummi etwas korrigiert. Zu Ihrer Information sei erwähnt, daß die Bleistiftzeichnungen in diesem Band auf Papier gehobener Qualität hergestellt wurden und die Kohle- und Rötelzeichnungen auf Büttenpapier von Ingres angefertigt worden sind.

Greifen Sie nun zu Bleistift, Lineal mit Zentimetereinteilung und Winkeldreieck und . . .

> „Ich habe mich bemüht, sowohl beim Text als auch bei den Illustrationen in diesem Buch so praktisch wie möglich vorzugehen, damit Sie aktiv meinen Ratschlägen folgen können. Setzen Sie also von Anfang an alles, was ich Ihnen zeige und erkläre, in die Praxis um, damit Sie den größtmöglichen Nutzen daraus ziehen. Ich gehe daher in der Annahme voran, daß Sie sich nicht nur auf die Lektüre beschränkt, sondern aktiv mitgearbeitet haben."

Wie gesagt, nehmen Sie einen Bleistift, ein Lineal und ein Winkeldreieck, und ziehen Sie ein Rechteck von 14 cm Höhe und 10 cm Breite. (Das Rechteck auf der gegenüberliegenden Seite entspricht diesen Maßen.) Ich kann Ihnen schon jetzt verraten, daß die Maße dieses Rechtecks den idealen Proportionen – also den Verhältnissen von Höhe und Breite – des von vorn gesehenen menschlichen Kopfes entsprechen. Teilt man die Breite des Rechtecks in 2,5 Abschnitte und die Höhe in 3,5 Abschnitte, erhält man eine Art Raster, in das man quasi systematisch die idealen Maße und Proportionen der einzelnen Teile des menschlichen Gesichtes einzeichnen kann: Haar, Stirn, Augen und Augenbrauen, Ohren, Nase und Kinn. Damit wollen wir uns jetzt näher befassen.

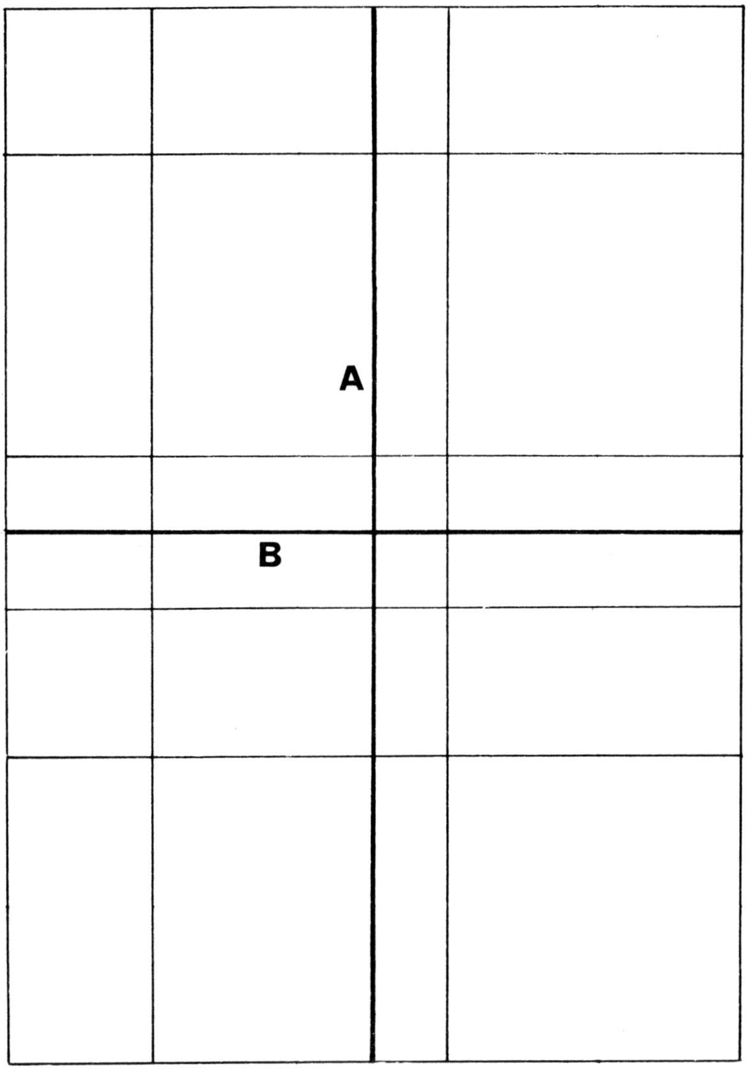

Abbildung 15: Die Maße dieses Rechtecks (10 × 14 cm) entsprechen den idealen Proportionen oder dem „Kanon" des menschlichen Kopfes.

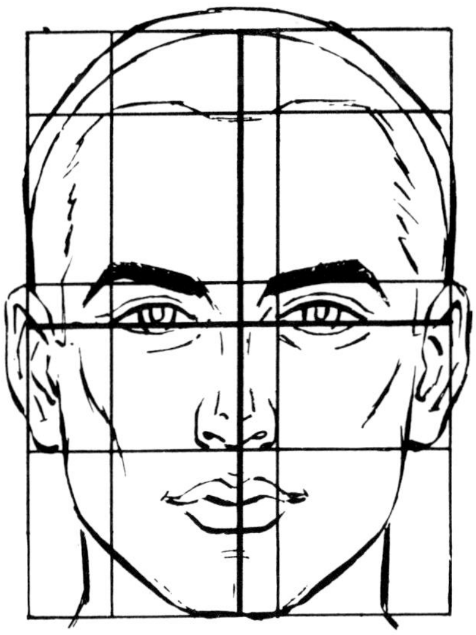

Der Kanon des menschlichen Kopfes

Als erste Übung im Rahmen dieses Buches bitte ich Sie, mit einem gut gespitzten Bleistift 2B ein Rechteck von 10 cm Breite und 14 cm Höhe zu zeichnen, anschließend ein Kreuz (die fetteren Linien A und B) und dann jene Art Raster hineinzuziehen. Dabei werden die Breite in 2,5 und die Höhe in 3,5 Abschnitte unterteilt. Diese Dimensionen und Unterteilungen ergeben den Kanon; jeder Abschnitt wird als Maßeinheit bezeichnet. Man sagt zum Beispiel, die Höhe der Stirn entspricht einer Maßeinheit.

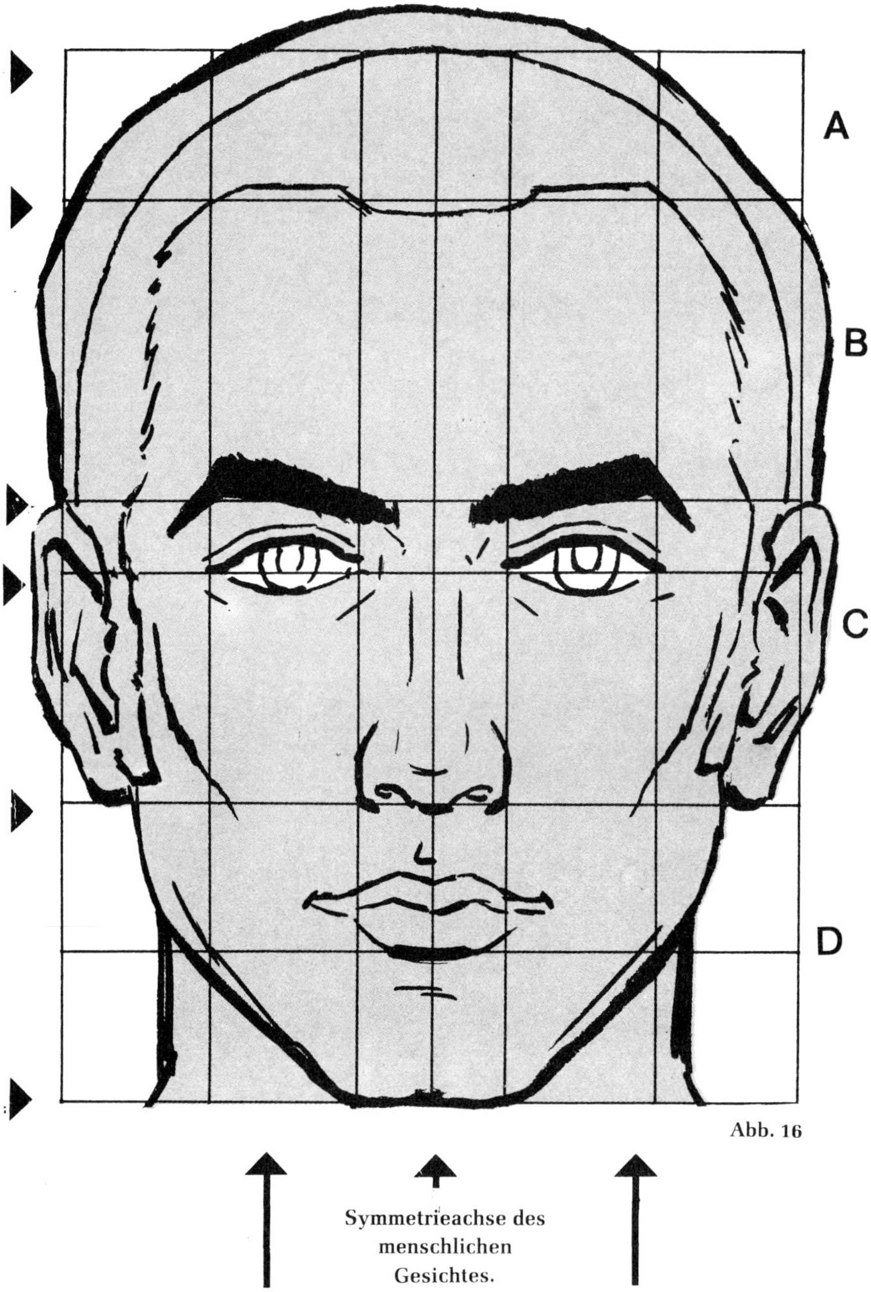

Abb. 16

Zeichnen Sie diese Köpfe mit den idealen Proportionen immer wieder. Erinnern Sie sich dabei meiner Instruktionen, und bedenken Sie, daß Ihnen mit Hilfe dieser Übung ein guter Aufbau und eine gute Zeichnung Ihres eigenen Gesichtes gelingen.

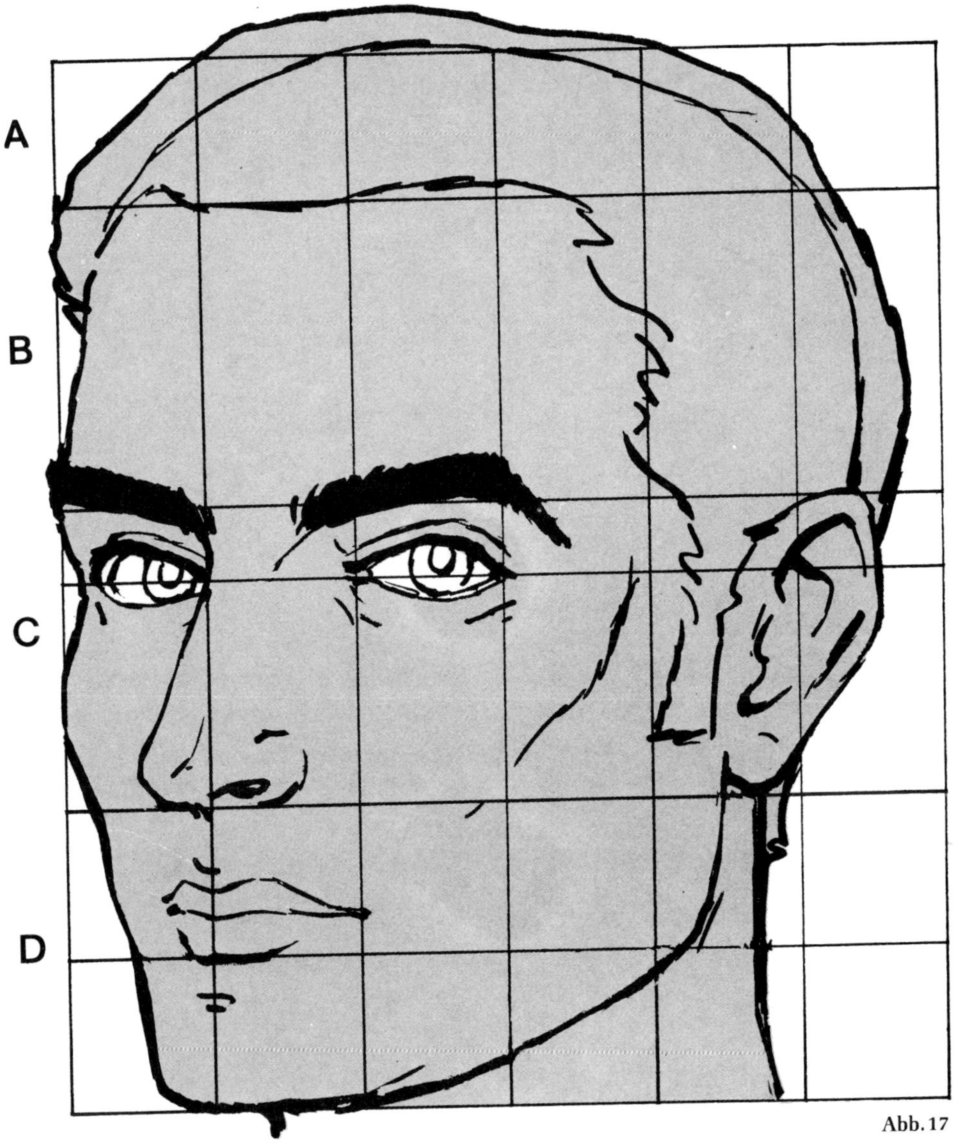

Abb. 17

Wir kommen nun zum Kanon des menschlichen Kopfes aus der Dreiviertelperspektive. Natürlich sind die Plazierung und die Proportionen, die sich aus den waagerechten Abschnitten A, B, C und D ergeben, identisch mit denen des von vorn gesehenen Gesichtes. Diese Ähnlichkeit rechtfertigt allein schon das Studium dieser beiden Kanons, da die Pose aus der Dreiviertelperspektive und die Frontalansicht am häufigsten vom Künstler für ein Selbstporträt eingenommen werden. Es ist gut möglich, daß Sie – im Gegensatz zu dem eben Gesagten – einen Künstler kennen, der sich im Profil dargestellt hat.

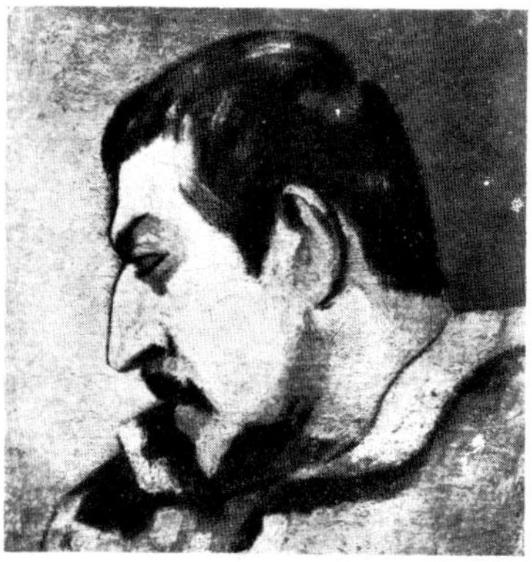

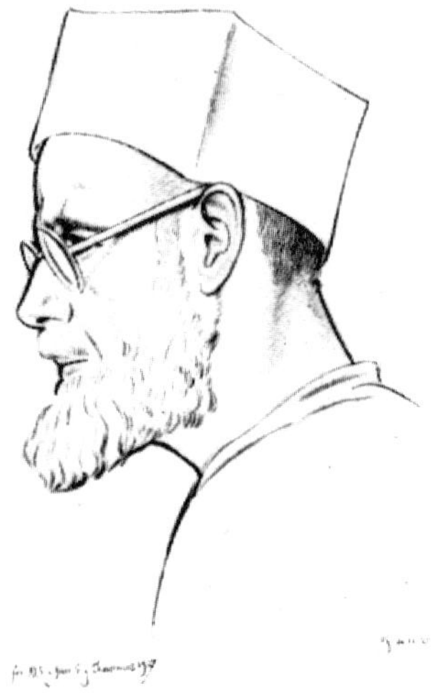

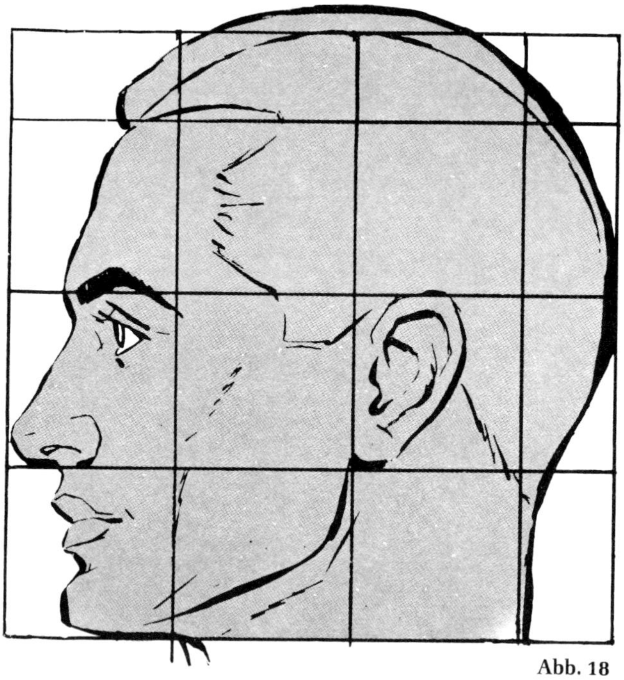

Abb. 18

Das ist richtig. Ich brauche nicht lange nachzudenken und nur Gauguin zu nennen. Bei der Durchsicht meines Archivs habe ich außerdem ein sehr hübsch gezeichnetes Selbstporträt des Amerikaners Eric Gill gefunden, das ebenfalls im Profil ist. Dabei handelt es sich jedoch um seltene Ausnahmen. Auf jeden Fall zeigen wir auf Abbildung 18 ebenfalls den Kanon im Profil.

Der Kanon des Frauenkopfes

Wie Sie anhand der Abbildungen feststellen können (Abb. 19 und 20), stimmen die Maße und die Lage der Gesichtsteile beim Mann und bei der Frau praktisch überein. Der von vorn gesehene Kopf besteht ebenfalls aus 3,5 Abschnitten in der Höhe und 2,5 Abschnitten in der Breite. Die waagerechten und die senkrechten Abschnitte haben dieselbe Lage und dieselben Abstände: Der mittlere Abschnitt bestimmt den Abstand zwischen den Augenbrauen und dem unteren Rand der Nase sowie wie die Höhe und die Lage der Ohren.

Zur ausführlichen Information und zum allgemeinen Studium des menschlichen Kopfes und insbesondere des Porträts (Aufbau, Licht und Schatten, Gesichtsteile, Theorie und Praxis der Kunst des Porträts, Ähnlichkeit und technische Ausführung) möchte ich Ihnen das Buch „Wie zeichne ich einen Kopf und ein Porträt" empfehlen, das ebenfalls in dieser Reihe erschienen ist.

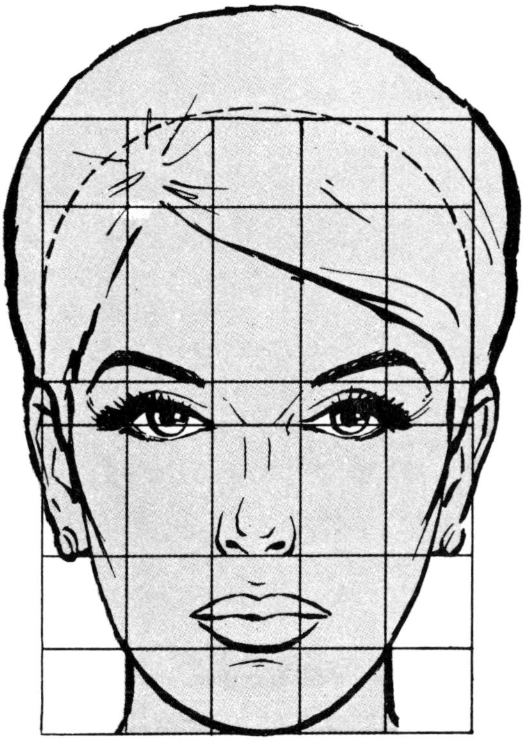

Abb. 19

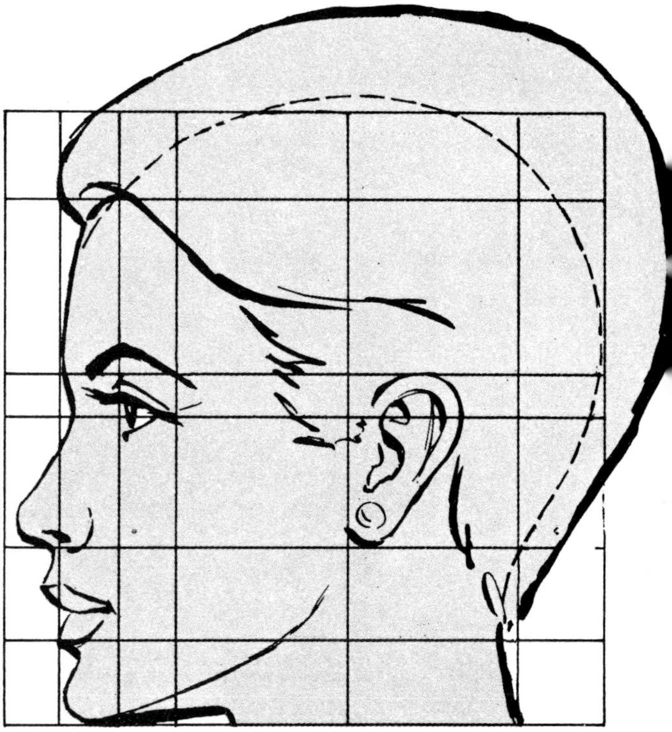

Abb. 20

Der Abstand zwischen den beiden Augen hat die Breite eines weiteren Auges. Der Kopf des Mannes und der Frau gleichen sich also, abgesehen von einigen kleinen Unterschieden, denen man Rechnung tragen muß:

- **Alle Formen sind ein wenig rund.**
- **Dic Augenbrauen sind etwas gewölbter.**
- **Die Augen sind ein wenig größer.**
- **Die Nase ist nicht so ausgeprägt und gerade.**
- **Die Lippen sind etwas fleischiger.**
- **Das Kinn ist nicht so hart, sondern gerundet.**

Sind Sie eine Leserin, haben Sie die kleinen Unterschiede längst erkannt und werden Sie im gegebenen Augenblick beim Zeichnen unter Anwendung des Kanons des menschlichen Kopfes entsprechend berücksichtigen.

Die Anwendung des Kanons beim Selbstporträt

Falls Sie die Theorie des Kanons des menschlichen Kopfes schon kennen und in die Praxis umgesetzt haben, haben Sie vielleicht versucht, Ihren Kopf und Ihr Gesicht zu zeichnen und Ihre Züge in das Raster oder den Kanon des idealen Kopfes einzufügen.

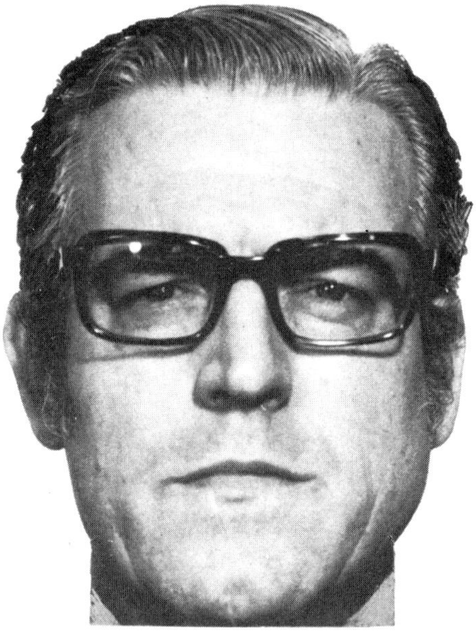

Abb. 21

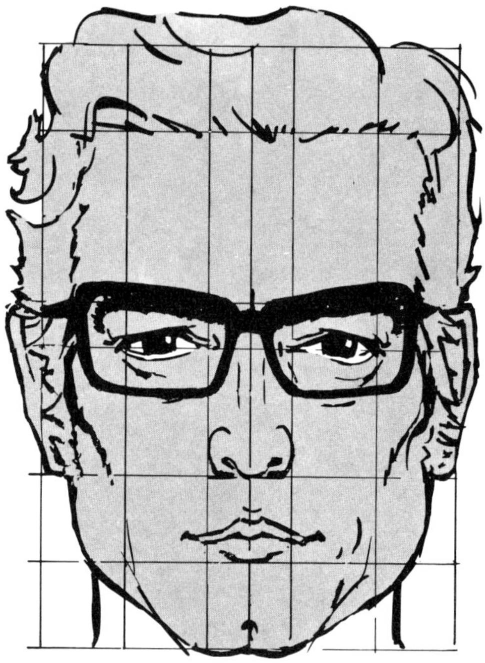

Abb. 22

Sehen Sie sich auf den Abbildungen 21 und 22 das Ergebnis an, das ich selbst bei diesem interessanten Experiment erhalten habe. Die Ähnlichkeit liegt etwa in der Mitte zwischen dem idealen Kopf (unter Berücksichtigung der von den waagerechten Abschnitten bestimmten Abstände) und meinem eigenen Kopf. Ich habe die Augen in die Mitte gelegt und beim Zeichnen ihrer Form ebenfalls die Breite des Kiefers bestimmt, ohne mich an den Kanon zu halten. Dagegen habe ich den Abstand zwischen dem unteren Rand der Nase und der Begrenzung des Kinns respektiert.

Wollen Sie es selbst auch einmal versuchen? Zeichnen Sie zunächst mit einem schwarzen Filzschreiber das geometrische Gerüst, und legen Sie anschließend mit einem weichen Stift 2B Ihr Porträt an. Halten Sie dabei den Stift innen in der Hand.

Man kann den Bleistift oder den Rapidograph, die Zeichenkohle, die Pastell- oder die Rötelkreide und selbst den Pinsel auf zweierlei Weise halten: Einmal normal wie beim Schreiben und zum anderen mit dem Stiel in der Hand. Falls Sie die Technik kennen und schon anwenden, können Sie meine Ratschläge auf der gegenüberliegenden Seite überspringen.

Abb. 23

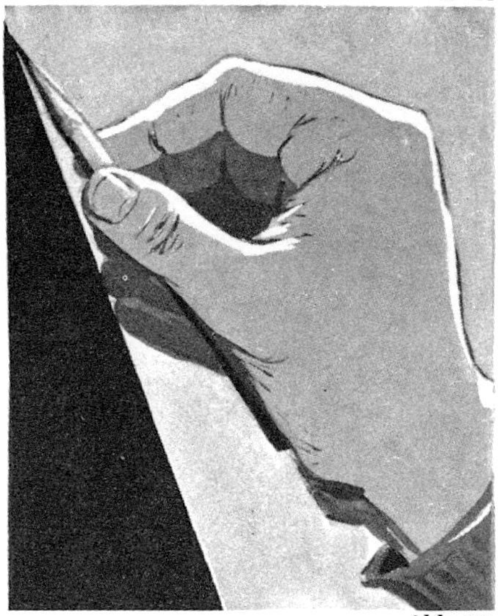

Abb. 24

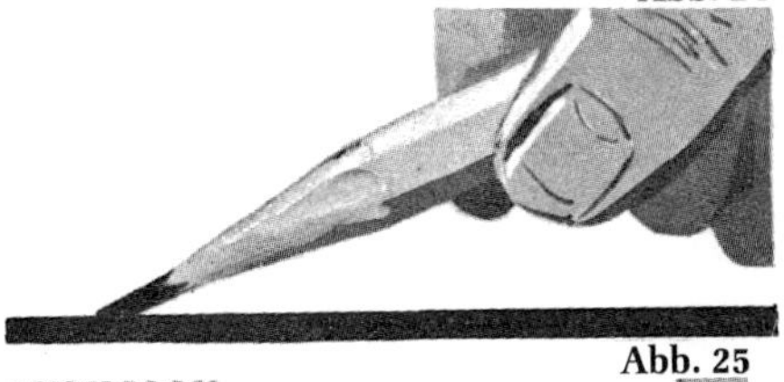

Abb. 25

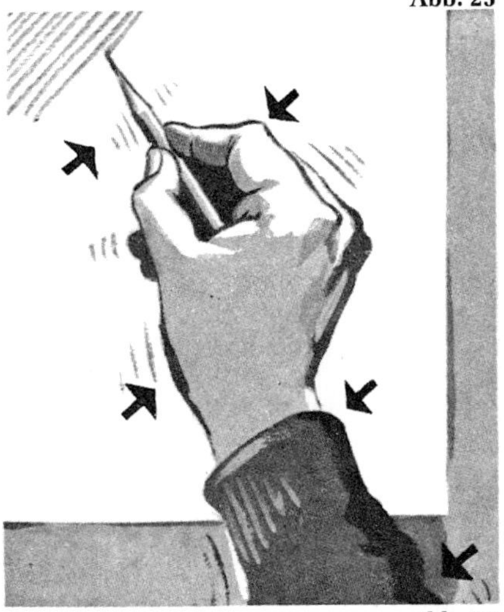

Abb. 26

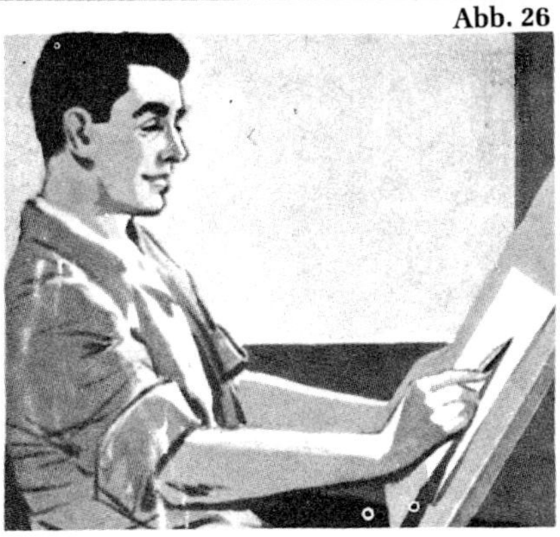

Die Haltung des Pinsels oder des Bleistiftes bei innenliegendem Stiel.

Abbildung 23: Beachten Sie, wie man den Bleistift hält und wo man ihn aufstützt (es könnte sich auch um einen Pinsel handeln). Man faßt den Stift etwa vier oder fünf Zentimeter oberhalb der Mine mit Daumen und Zeigefinger und stützt ihn zusätzlich mit dem Mittelfinger ab, während der Ringfinger und der kleine Finger auf der Papierfläche liegen. Der Nagel und die Ringfingerspitze reiben bei der Hin- und Herbewegung des Stiftes beinahe über das Papier.

Abbildung 24: Beim innenliegenden Malgerät kann man den Bleistift, die Zeichenkohle, die Pastellkreide oder den Pinsel flach, ja beinahe parallel zur Papierfläche oder Leinwand führen. Dadurch lassen sich breite Striche ziehen, die rasch größere Flächen mit Grautönen oder Abstufungen abdekken.

Abbildung 25: Hier die Bewegung der Hand und des Arms: Während die Handwurzel beinahe unbeweglich bleibt, rücken die Hand und der Unterarm gleichzeitig in einer leichten, lokkeren Bewegung ohne Muskelanstrengung von oben nach unten und von links nach rechts. Der Druck erfolgt mehr auf der Mine als auf Ringfinger und kleinem Finger. Dies ist eine Frage der Gewöhnung. Versuchen Sie, auf diese Weise Grautöne anzulegen.

Abbildung 26: Dank dieser Bleistift- oder Pinselführung kann der Künstler mit einem etwas (oder völlig) ausgestrecktem Arm malen und hält auf diese Weise einen gewissen Abstand zwischen dem Körper und der Malfläche ein. Dadurch hat er seine Arbeit besser im Blick und kann lockerer und ungezwungener malen.

Abb. 27

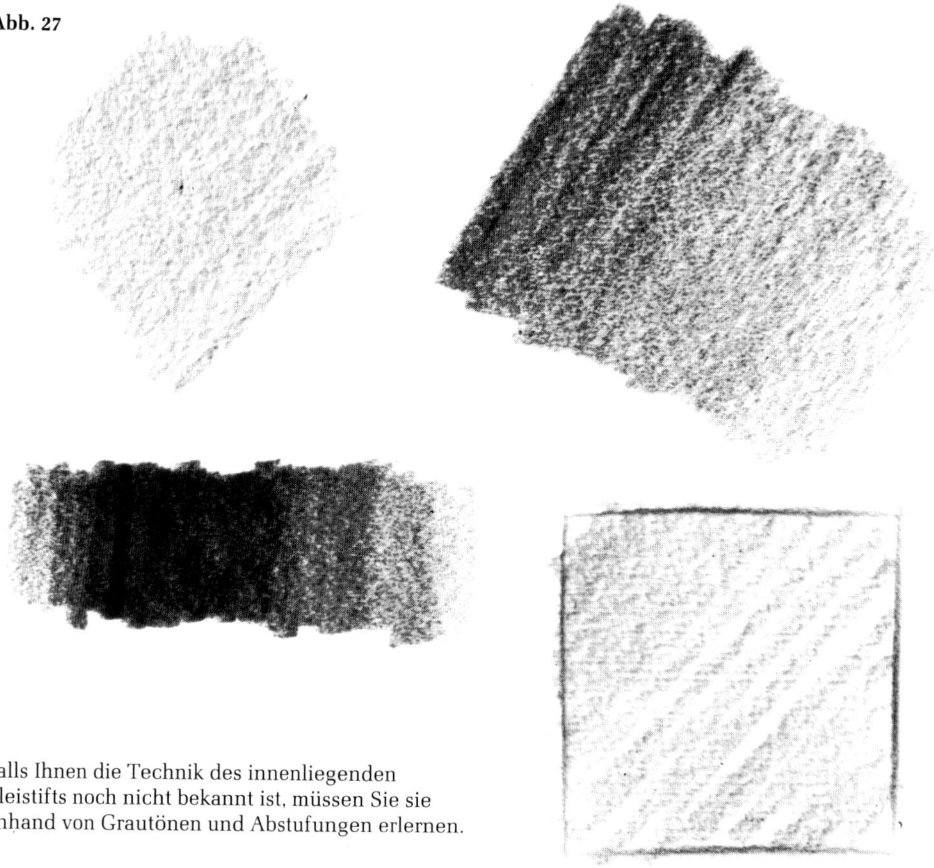

Falls Ihnen die Technik des innenliegenden Bleistifts noch nicht bekannt ist, müssen Sie sie anhand von Grautönen und Abstufungen erlernen.

Lassen Sie uns noch eine zweite und letzte Übung durchführen. Dann verfügen Sie über die bestmögliche Grundlage, wenn Sie vor dem Spiegel sitzen.

Übung zum Aufbau des menschlichen Kopfes

Das Zeichnen eines menschlichen Kopfes ist im Grunde ganz einfach, da es – wie schon früher erwähnt – dafür nur zwei Schlüsselpositionen gibt: die Frontalansicht und die Dreiviertelperspektive.

Suchen Sie nach einem Grundschema des menschlichen Kopfes, stellen Sie fest, daß der Schädel im wesentlichen die Form einer an beiden Seiten abgeflachten Kugel besitzt, an die sich vorn eine Art gekrümmte Schachtel anschließt. Am deutlichsten ist dies zu erkennen, wenn man den menschlichen Kopf im Profil betrachtet (Abb. 28).

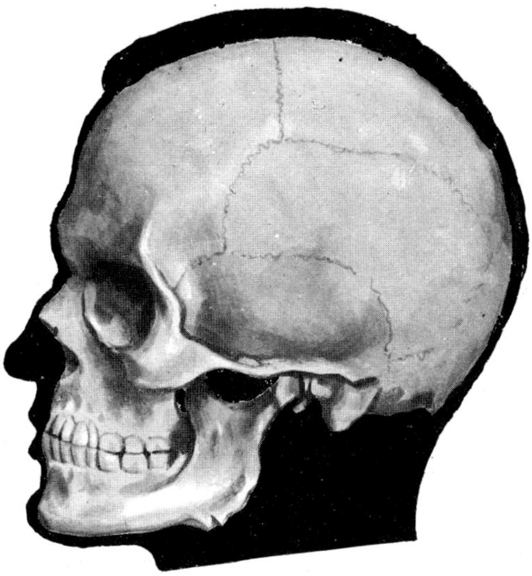

Abb. 28

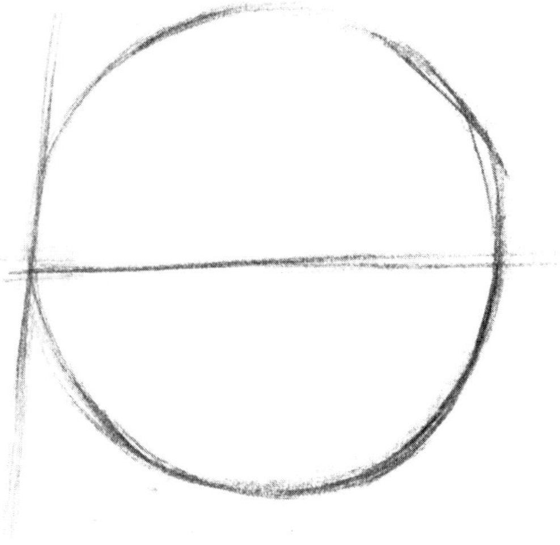

Abb. 29

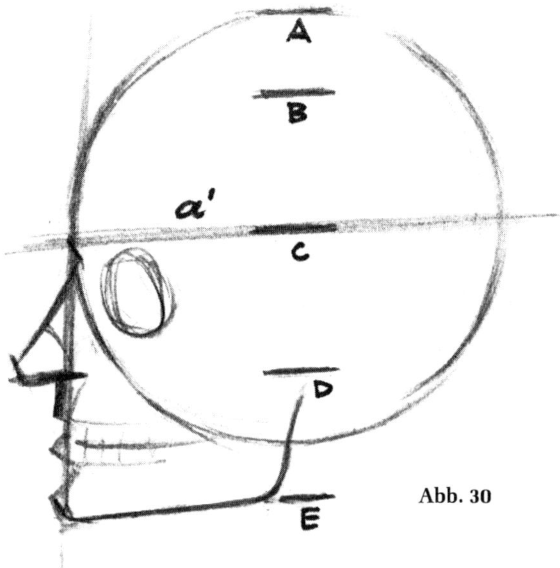

Abb. 30

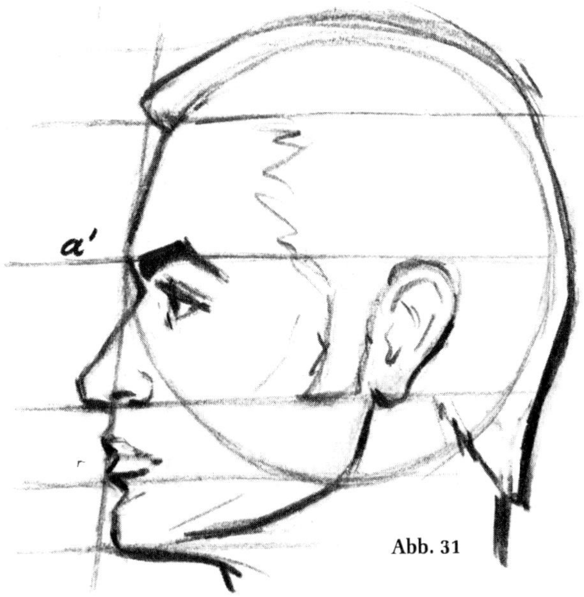

Abb. 31

Mit Hilfe dieses Grundschemas zeichnet man den Kopf in der Profilansicht wie folgt: Ich lege zunächst aus freier Hand einen Kreis an, ziehe eine Waagerechte hindurch und errichte in deren Schnittpunkt vorn eine leicht geneigte Senkrechte, die den Gesichtswinkel bestimmt (Abb. 29). Auf der folgenden Abbildung (Abb. 30) können wir ein sehr wichtiges Faktum überprüfen: Die Linie, die den Kreis durchschneidet (a) stimmt genau mit der Lage und der Höhe der Augenbrauen überein (Abb. 31), so daß es auf diese Weise relativ einfach ist, die Divisionslinien A, B, C, D und E für die dreieinhalb Maßeinheiten (Höhe) des Kanons des menschlichen Kopfes festzulegen.

Mit Hilfe dieser waagerechten Maßeinheiten läßt sich der Kopf ziemlich einfach zeichnen (Abb. 31).

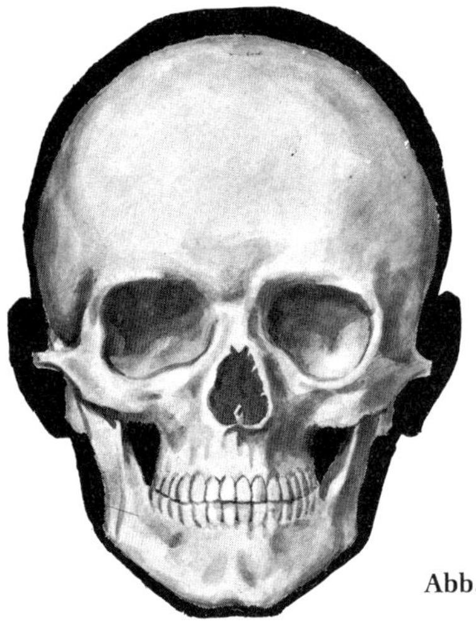

Abb. 32

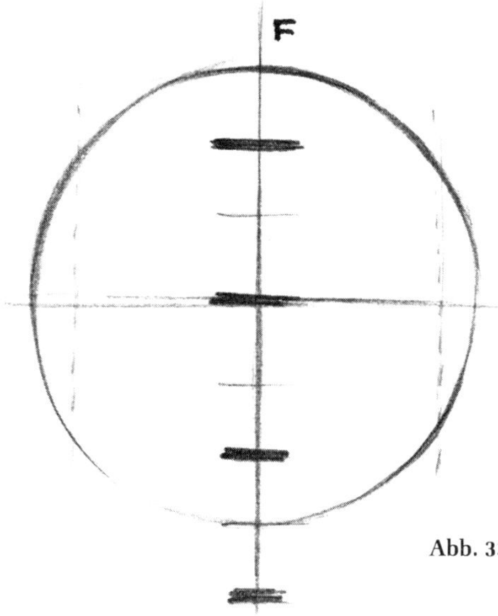

Abb. 33

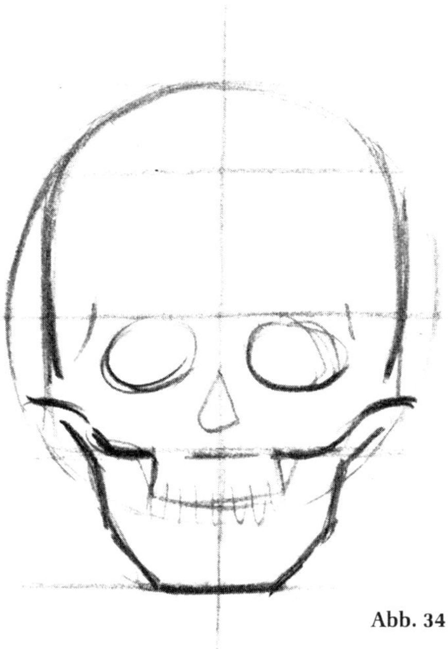

Abb. 34

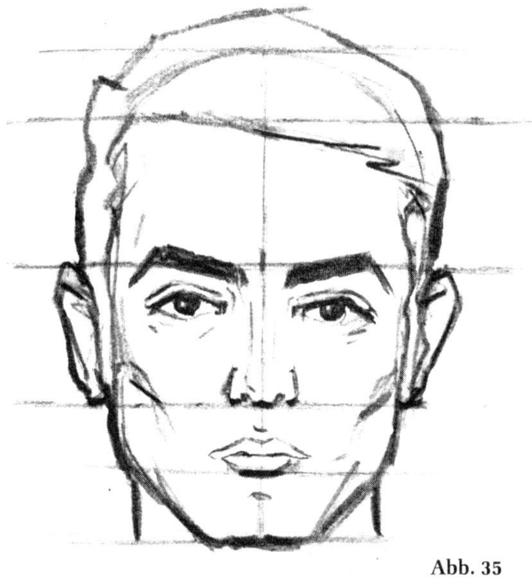

Abb. 35

Betrachten Sie nun die obigen Illustrationen (32, 33, 34 und 35). Sie zeigen dasselbe Verfahren für den Kopf in der Frontalansicht. Die dem Gesichtswinkel oder dem Gesichtsprofil entsprechende Linie befindet sich nun in der Mitte des Kreises. Sie entspricht der Symmetrieachse des menschlichen Gesichtes, eine außerordentlich wichtige Linie für den Aufbau und die Zeichnung des menschlichen Kopfes.

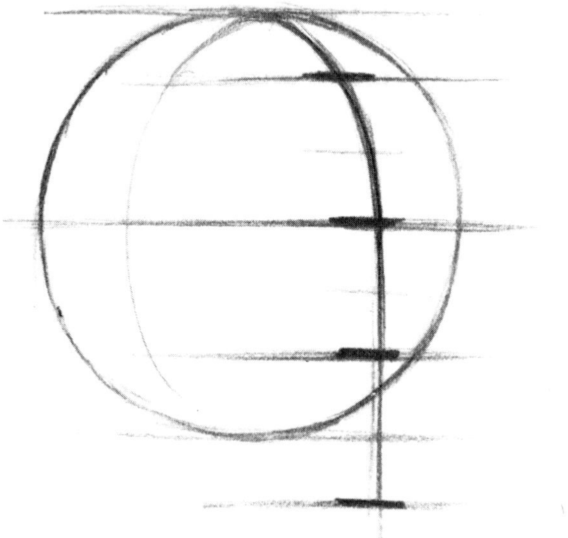

Abb. 36

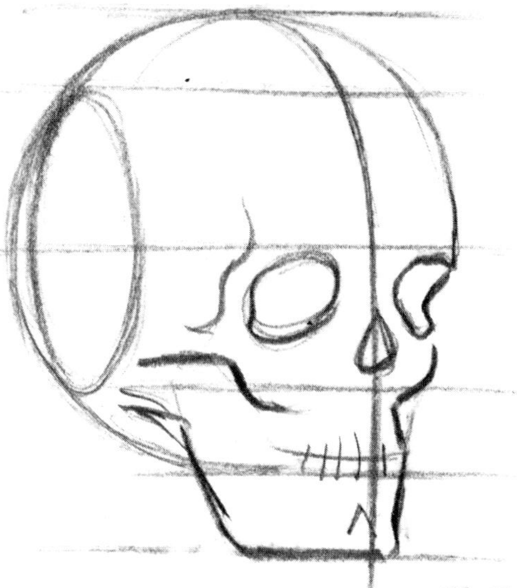

Abb. 37

Zeichnen Sie die Köpfe so häufig wie möglich in diesem oder einem größeren Format. Arbeiten Sie entweder aus dem Gedächtnis oder mit einem Spiegel. Geben Sie nicht auf! Arbeiten und zeichnen Sie mit Begeisterung, bis Sie das Gefühl haben, besser ginge es nicht mehr.

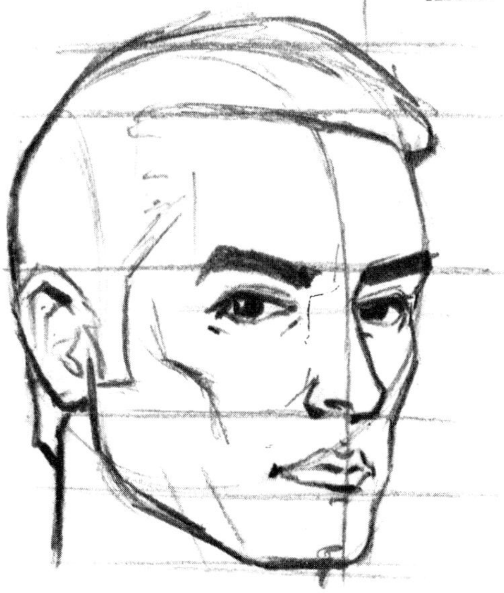

Abb. 38

Die letzten Zeichnungen zum Aufbau des menschlichen Kopfes zeigen die Dreiviertelperspektive. Beachten Sie, daß der Gesichtswinkel oder die Symmetrieachse des menschlichen Kopfes hier in der optischen Verkürzung auftreten. Sie beschreiben im oberen Teil einen Bogen und fallen in Höhe der Augenbrauen leicht geneigt gerade herab.

Studieren Sie diese Zeichenmethode nun in der Praxis. Erst wenn Sie in der Lage sind, den menschlichen Kopf in den drei Ansichten korrekt aus dem Gedächtnis zu zeichnen, sollten Sie das folgende Stadium in Angriff nehmen und die Hauptteile des menschlichen Gesichtes untersuchen.

Abb. 39

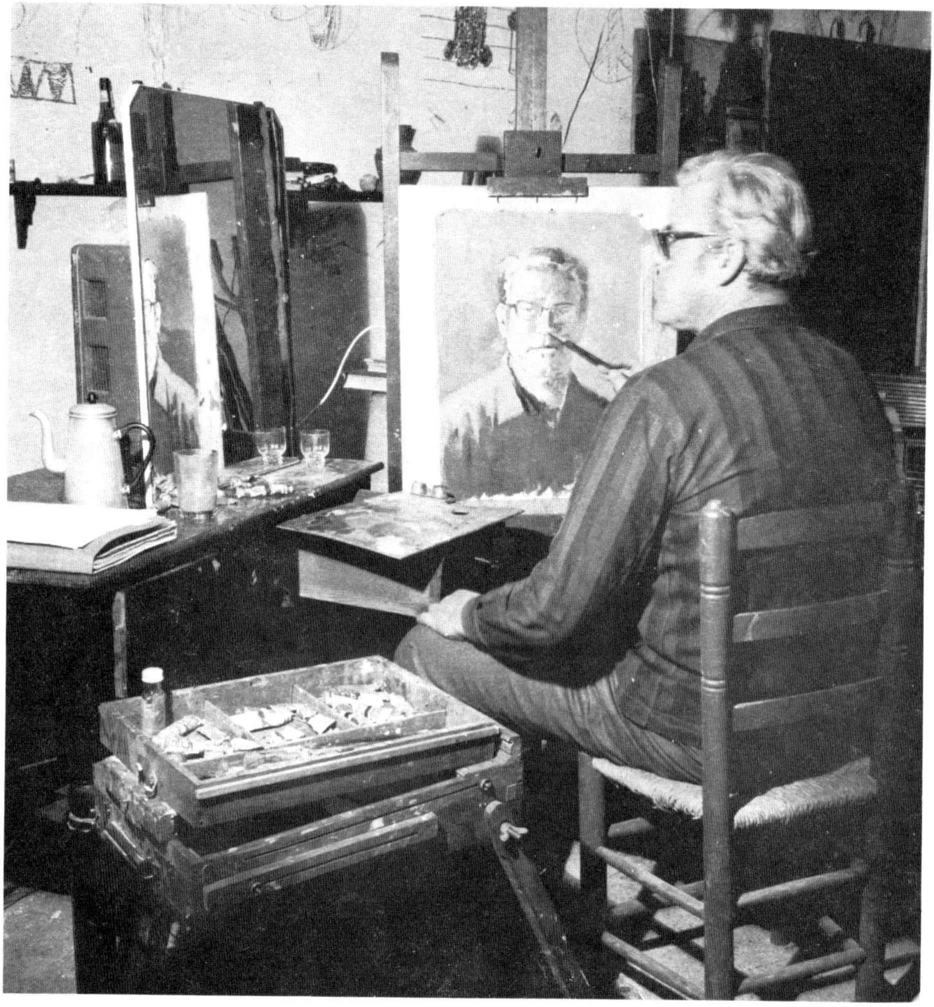

Sie sind jetzt allein vor dem Spiegel

Sie sind Ihr eigenes Modell

Wir gehen weiterhin davon aus, daß man zeichnen und malen nur durch Zeichnen und Malen lernt. Daher wollen wir uns in der Praxis die verschiedenen Teile des menschlichen Gesichtes (in diesem Fall Ihres Gesichtes) erarbeiten. Wir werden den Aufbau und die Tonwertbestimmung des Auges üben, das Volumen der Nase und das Profil des Mundes untersuchen. Betrachten Sie auf Abbildung 39 noch einmal die Lage des Spiegels im Verhältnis zu Ihnen, die Beleuchtung des Gesichtes und des Zeichenbrettes mit Hilfe einer schwenkbaren Lampe, vorausgesetzt natürlich, Sie wollen bei Kunstlicht arbeiten. Halten Sie einen Abstand von 80 cm zwischen sich und dem Spiegel ein. Bedenken Sie, daß dies einem tatsächlichen Abstand von 1,60 m entspricht, da es sich um ein reflektiertes Bild handelt.

Sie können ebenfalls bei Tageslicht arbeiten. Rücken Sie Ihren Tisch in diesem Fall nahe ans Fenster.

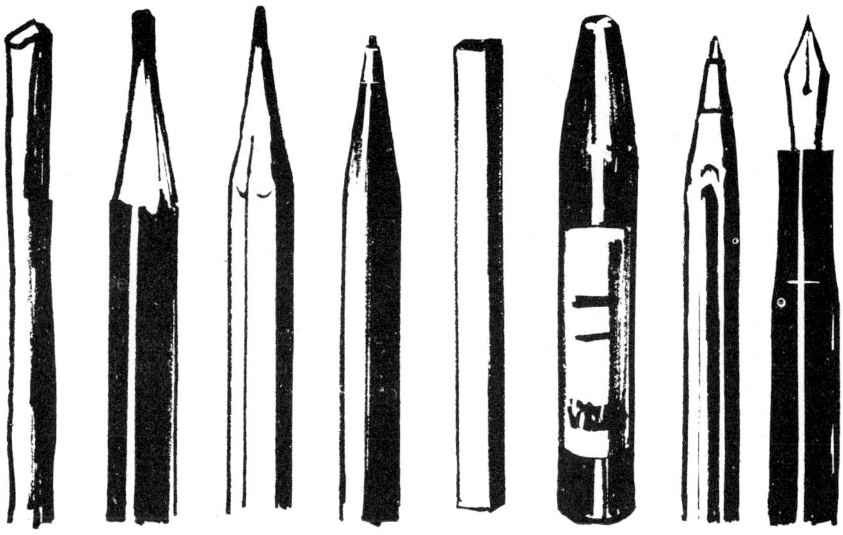

Führen Sie die Übungen nach einem Modell vor dem Spiegel aus, und benutzen Sie dazu unterschiedliche Malgeräte. Die obige Illustration zeigt die geläufigsten: die Zeichenkohle, den Kohlestift, den Bleistift (vorzugsweise von höherer Qualität und ziemlich weich, 3B und 4B), den Filzstift, die Rötelkreide, den Wachsstift, den Kugelschreiber und den Federhalter. Mischen Sie zwei oder drei dieser Techniken, zum Beispiel Rötelkreide und Zeichenkohle; Sie können auch auf farbigem Büttenpapier arbeiten und dann Licht und Reflexe mit Rötelkreide oder weißer Kreide „malen".

Ich rate Ihnen, in unterschiedlichen Techniken zu arbeiten. Wie anhand von Abbildung 40 zu erkennen, habe ich diese Übungen mit Zeichenkohle, einem weichen Bleistift (3B) und einem schwarzen Filzschreiber ausgeführt. Sie können ebenfalls einen Kohlestift, Wachskreide, einen Kugelschreiber und selbst einen Federhalter benutzen. Ich versichere Ihnen, daß ein Wechsel zum einen deshalb interessant ist, weil er Ihre Arbeit bereichert, zum anderen aber auch, weil er Ihre Arbeit fruchtbarer macht. Denken Sie beim Zeichnen mit Kohle zum Beispiel daran, daß Sie beinahe malen, so bequem, intensiv und rasch läßt sich die Farbe bei dieser Technik verstreichen. Legen Sie dagegen Licht und Schatten mit dem Bleistift an, zeichnen Sie tatsächlich. Mit anderen Worten, Sie lösen und konkretisieren das Volumen und die Formen der Körper viel präziser.

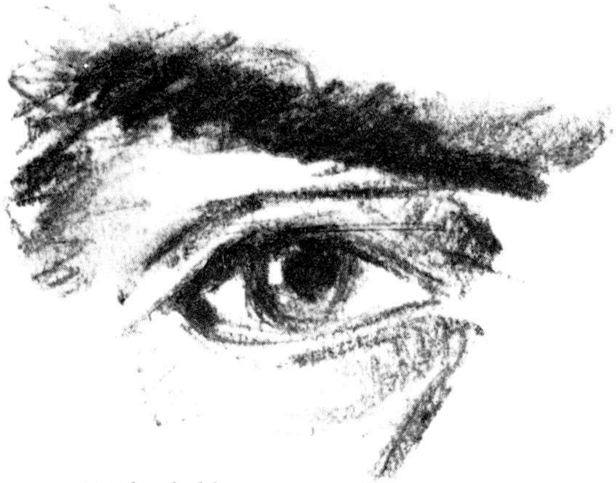

Zeichenkohle

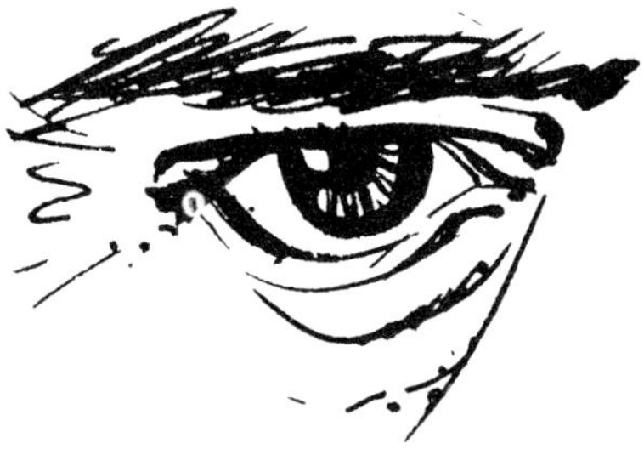

Schwarzer Filzstift

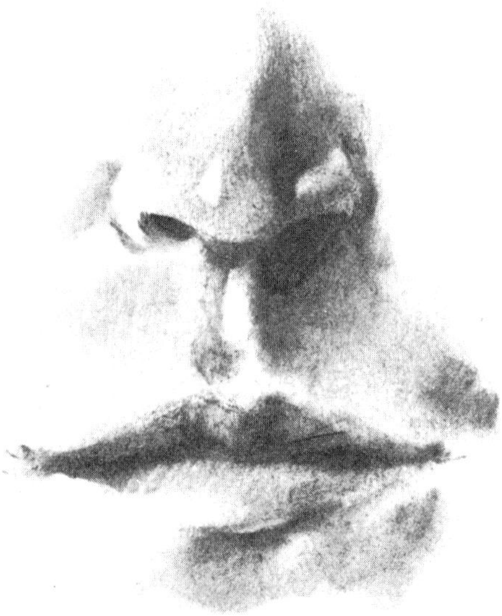

Gewischte Zeichnung

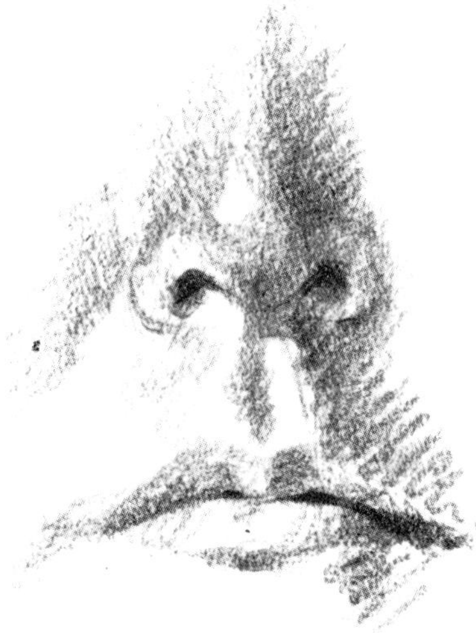

Bleistiftmine

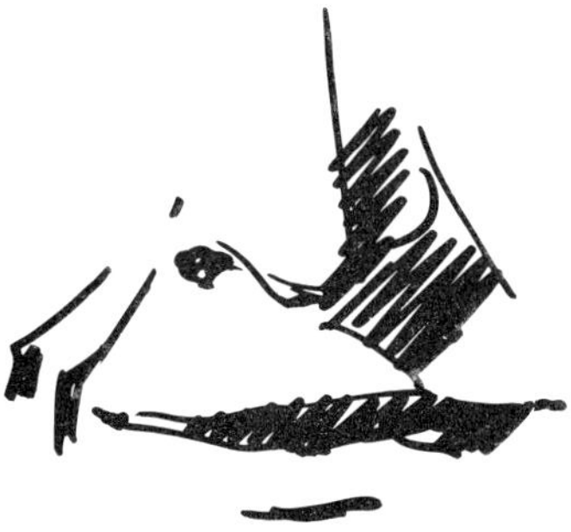

Schwarzer Filzstift

Abbildung 40: Hier einige Beispiele für Studien, die ich selbst vor dem Spiegel angefertigt habe. Beachten Sie die unterschiedlichen Malgeräte. Ich habe mich nicht mit vier oder fünf Skizzen begnügt, sondern einen ganzen Tag damit verbracht, unzählige Augen, Münder, Ohren, Nasen etc. zu zeichnen.

Arbeiten Sie schließlich mit dem Filzschreiber, sind Sie gezwungen zusammenzufassen, die Formen mit geringen Mitteln, nämlich ausschließlich mit Linien, wiederzugeben und dabei eine Synthese herzustellen. Dies ist ein sehr wichtiger Aspekt, auf den wir etwas später in diesem Buch noch zurückkommen werden.

Ich glaube, zu Beginn zeichnen Sie Ihr Gesicht am besten von vorn.

Wie man die Haltung des Kopfes kontrolliert

Setzen Sie sich so vor den Spiegel, daß Sie während des Zeichnens unbeweglich bleiben können. Das ist relativ einfach, wenn Sie meinem Rat folgen: Sehen Sie zunächst in den Spiegel, und wählen Sie die geeignetste Pose. Richten Sie die Augen anschließend auf das Zeichenbrett, und verändern Sie dessen Höhe und Neigung, bis Sie abwechselnd nur durch Heben und Senken der Augen, ohne den Kopf zu bewegen, in den Spiegel und auf das Zeichenbrett blicken können.

Und jetzt aufgepaßt! Sobald Sie Ihre Pose eingenommen haben, sollten Sie dafür einen oder mehrere Anhaltspunkte für den sehr wahrscheinlichen Fall suchen, daß Sie sich bewegen, ohne sich dessen bewußt zu sein. Nur so können Sie die Eingangsposition immer wiederfinden. Diese Anhaltspunkte ergeben sich durch zwei ganz präzise Abstände, deren genaue Maße von der Unbeweglichkeit des Kopfes abhängen. (Auf Abbildung 41 links befindet sich dieser Punkt in der Ecke zwischen dem Auge und dem Profil der Nase und rechts zwischen der unteren Umrißlinie der Augenbraue und der Falte des Oberlides.)

Beachten Sie – und das ist sehr wichtig –, daß man zur Kontrolle und Sicherstellung der Unbeweglichkeit einen Punkt benötigt, um die waagerechten Bewegungen und einen weiteren Punkt um die Bewegungen von oben nach

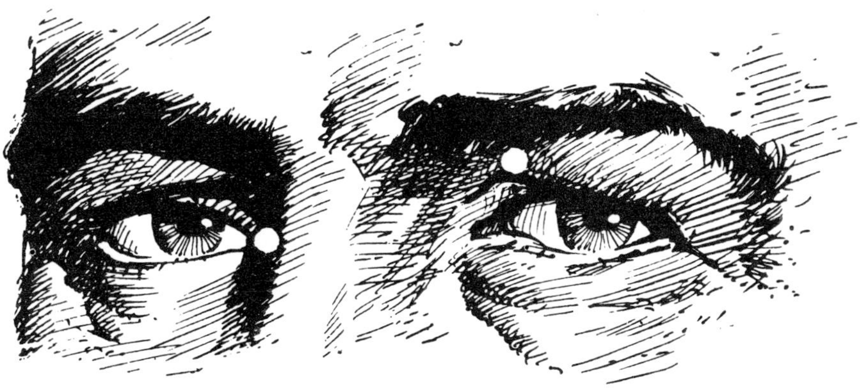

Abb. 41

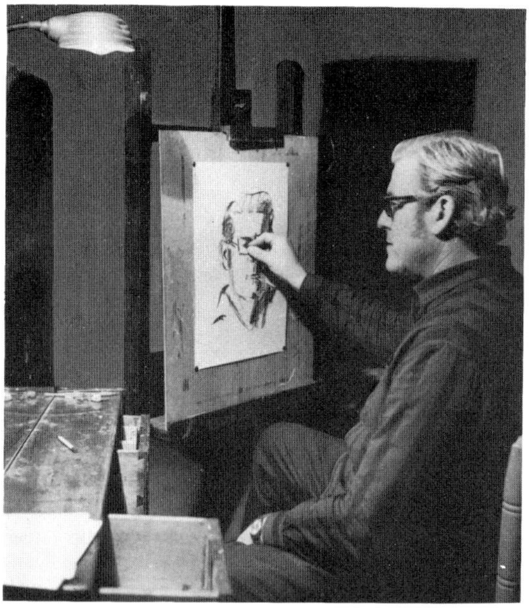

Abb. 42

Links: Bei der Frontalansicht kann man den Spiegel und die Zeichnung mit einem Blick umfassen, ohne den Kopf bewegen zu müssen.
Bei der Dreiviertelansicht (Fotos unten) ist man manchmal gezwungen, abwechselnd in den Spiegel und auf die Zeichnung, beziehungsweise die Leinwand zu blicken.

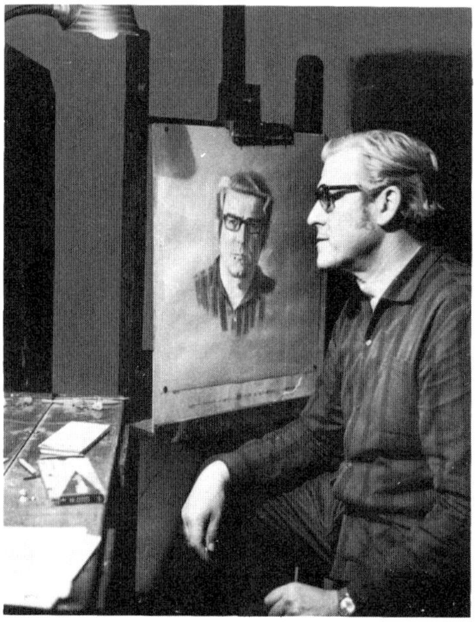

Abb. 43

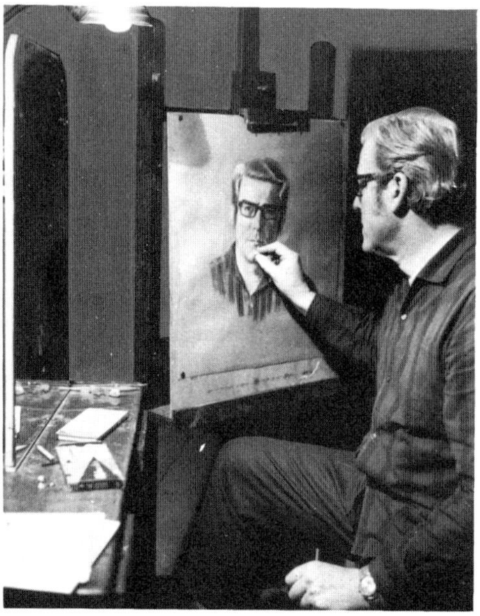

Abb. 44

unten zu bemerken. Der linke Punkt auf Abbildung 41 ermöglicht die Kontrolle der Seitwärtsbewegung; denn falls sich der Kopf plötzlich frontaler oder stärker in der Dreiviertelperspektive befindet, vergrößert beziehungsweise verkleinert sich der Abstand. Zum Schluß sei noch hinzugefügt, daß es nach Festlegen der Anhaltspunkte genügt, von Zeit zu Zeit den Abstand des Modells mit dem der Zeichnung zu vergleichen, um die Pose weiterhin beizubehalten oder gegebenenfalls zu verändern.

Lassen Sie uns nun endgültig anfangen.

Eine Taste, ein Pinselstrich
zwei Tasten, zwei Pinselstriche
drei Tasten, eine Schreibmaschine

Einer meiner Freunde, ein Geschäftsmann, hatte den Tick, alte Schreibmaschinen zu sammeln, wodurch er sein Haus – wie ich immer behauptete – in ein zweites Büro verwandelte. Im Laufe einer Unterhaltung schlug ich ihm einmal vor: „Du solltest dein Hobby wechseln und lieber malen und zeichnen."

„Ich habe noch nie gezeichnet. Ich weiß nicht einmal, was es bedeutet, wenn man einen Bleistift in der Hand hält."

„Du hast es noch nie versucht, das ist alles. Warum zeichnest du nicht einmal eine deiner alten Schreibmaschinen? Du kennst sie doch! Du weißt, wie sie aussehen, nicht wahr?"

Mein Freund sah mich erstaunt an und begann zu lachen.

„Weshalb nicht gleich den Kölner Dom?" fragte er, um mich aufzuziehen.

„Lach nicht, hör mir lieber zu", antwortete ich. „Könntest du eine einzige Taste dieser Schreibmaschine zeichnen? Sie hat die Form eines Kreises und sieht aus wie eine Pille aus der Apotheke."

„Natürlich kann ich das. Eine einzige Taste, das ist ganz einfach . . ."

„Und zwei Tasten, eine neben der anderen? Die erste Tastenreihe . . . und die zweite Tastenreihe . . . und eine weitere darüber . . . anschließend dann den Metallrahmen, der die Tasten umgibt und . . ."

Mein Freund versuchte es und stellte fest, daß es ihm gelang.

Jetzt hatte es ihn gepackt. Beinahe jeden Sonntag und an den Feiertagen zieht er nur mit seiner Staffelei und einer Leinwand vom Format „Landschaft" hinaus.

Wenn der Hobbymaler ein menschliches Gesicht zeichnen soll und dazu einem Modell gegenübersitzt, passiert ihm etwas ähnliches. Das Gesicht mit den Augen, der Nase und dem Mund wirkt auf ihn genauso kompliziert wie eine Schreibmaschine.

Daraus folgt: Man darf eine Zeichnung nicht als Ganzes betrachten, sondern als lauter „Tasten", als lauter Einzelteile.

Das wollen wir jetzt näher untersuchen.

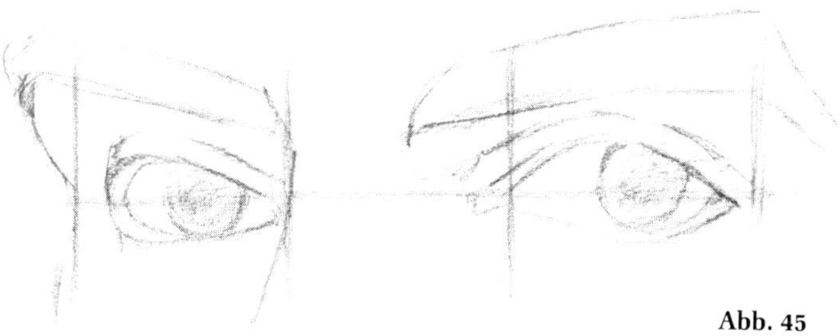

Abb. 45

Abbildung 45: Zeichnen Sie zunächst eine waagerechte Linie, um die Höhe der Augen festzulegen. Berechnen und ziehen Sie anschließend die senkrechten Teilungslinien, wie auf der nebenstehenden Abbildung zu sehen. Halten Sie sich dabei an die Regel: „Der Abstand zwischen den beiden Augen entspricht der Breite eines dritten Auges.“ Skizzieren Sie anschließend die Augenbrauen und die Augen.

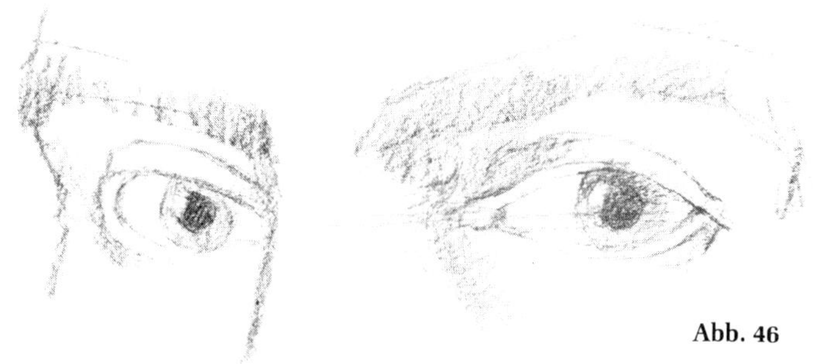

Abb. 46

Abbildung 46: Im zweiten Stadium skizzieren wir die Schatten und beginnen beim Spiel der Grautöne der Abstufungen. Beachten Sie, daß wir im Innern der Iris den dunklen Kreis für die Pupille zeichnen müssen und schon jetzt den Glanz des Auges berücksichtigen sollten.

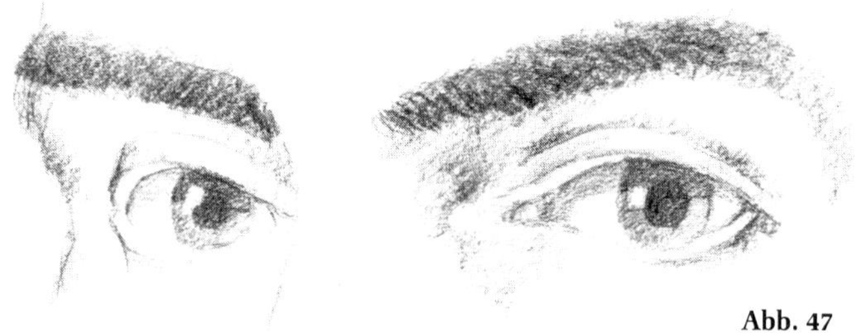

Abb. 47

Abbildung 47: Man verstärkt die Wirkung von Licht und Schatten, indem man einen dunklen Rand um den weißen Augapfel zieht.

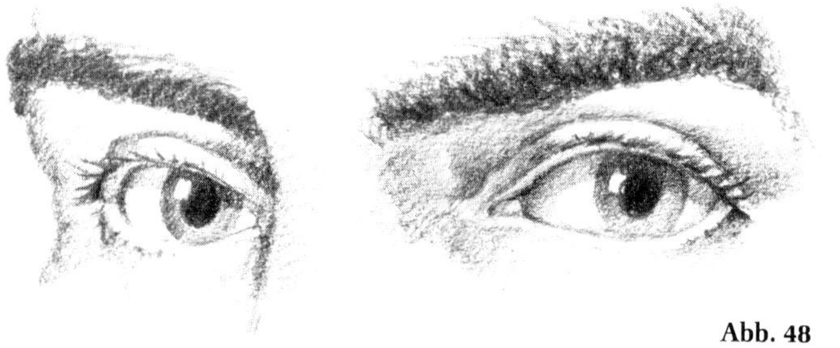

Abb. 48

Abbildung 48: Fügen Sie die Augenwimpern hinzu, und präzisieren Sie im Rahmen der allgemeinen Abschlußarbeiten die Wirkung von Licht und Schatten.

Wie Ihnen bereits bekannt, beruht das Problem des Aufbaus auf der Berechnung der Maße und Proportionen und der Wahl der Anhaltspunkte, um die Abstände, die jeweiligen Lagen, die Höhen und Größen vergleichen zu können.

„Zeichnen Sie die Augen nur beiläufig“

Zu den schriftlichen Ratschlägen, die Ingres seinen Schülern zum Thema Kunst der Porträtmalerei hinterließ, gehört der folgende, außerordentlich wichtige Hinweis: „Zeichnen Sie die Augen nur beiläufig.“

Beiläufig zeichnen? Ja, nämlich beinahe wörtlich genommen, und im Rahmen des Gesamtwerkes. Kehren Sie immer wieder zu den Augen zurück, bauen Sie sie – wie den Rest des Porträts – weiter auf, ohne sich von der Angst und der Sorge wegen dieses wichtigsten Teiles des menschlichen Gesichtes irremachen zu lassen.

Ingres riet seinen Schülern auch, schrittweise an die Herstellung einer Zeichnung oder eines Gemäldes heranzugehen.

> „Man muß den Ausdruck von Beginn an erfassen“, erklärte er. „Jede Zeichnung und jedes Gemälde muß von Anfang an eine Ähnlichkeit mit dem Endergebnis haben“.

Das heißt: Jedes Gemälde muß als Ganzes fortschreiten: wie ein Bild, das sich formt und nach und nach immer deutlicher wird.

„Kopieren Sie schlicht und einfach“

Um bei der Darstellung eines Körpers in der Frontalansicht die Tiefe herauszuarbeiten – zum Beispiel eine Nase von vorn –, gibt es kein besseres Verfahren als das, welches Ingres seinen Schülern vorschlug:

> „Denken Sie an Michelangelo und Raffael. Wissen Sie, wie diese ihre herrlichen Werke geschaffen haben? Indem sie bescheiden und gehorsam blieben und schlicht und einfach kopierten.“

Versuchen Sie, dieses „einfache“ Verfahren auf die auf der folgenden Seite abgebildeten Nasen anzuwenden. Betrachten Sie sie vollkommen sachlich als etwas völlig flaches ohne jede Tiefenwirkung, das Ihnen keinerlei Probleme bereitet. Vergleichen Sie den einen Tonwert mit dem anderen und die Formen untereinander und „kopieren Sie sie schlicht und einfach“.

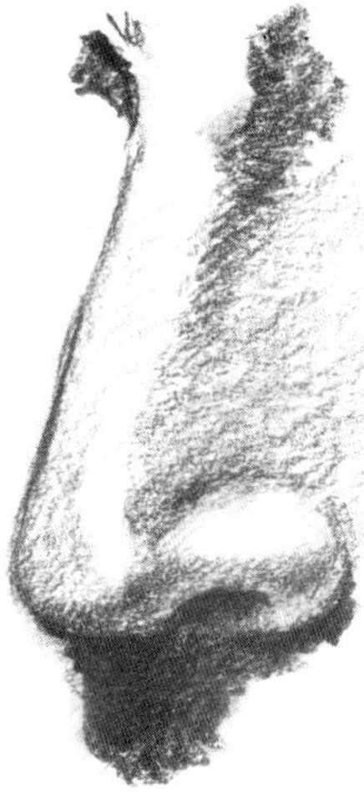

Abb. 49

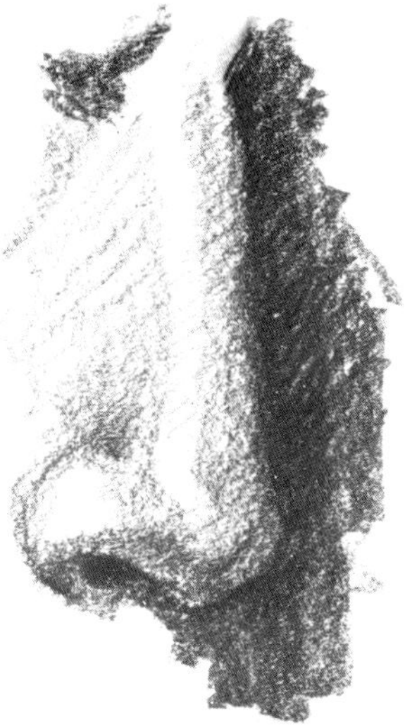

Abb. 50

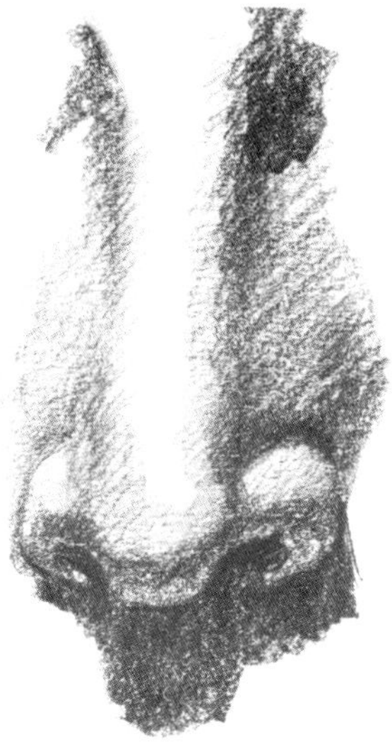

Abb. 51

„Es gibt immer eine Schlüsselstelle"

Alle Körper und alle Formen besitzen eine Schlüsselstelle oder eine Hauptlinie, auf die man sich beim Aufbau stützen kann. Bei der von vorn gesehenen Nase handelt es sich um die untere Umrißlinie mit den Nasenflügeln, den Nasenlöchern und der Nasenspitze, die eine ganz bestimmte Linienführung besitzt, aufgrund derer man die Breite und die charakteristische Form der Nase bestimmt.

Untersuchen wir nun, wie es sich in dieser Beziehung mit der Zeichnung des Mundes und der Lippen verhält. Geben Sie acht.

Abbildung 52: Die Hauptlinie des Mundes besteht aus der Mittelinie mit den beiden Mundwinkeln, auf der sich der Mund aufbaut. Es handelt sich um eine praktisch waagerechte Linie, die in der Mitte zwei leichte Wölbungen aufweist.

Abbildung 53: Zeichnen wir über dieser Mittellinie nun die im allgemeinen schattige Oberlippe mit einer oberen Kante, deren Form beinahe parallel zur Mittellinie verläuft.

Abbildung 54: Die beleuchtete, fleischige Unterlippe, deren unterer Rand einen Schatten wirft, springt weiter vor und besitzt ein Volumen.

Abbildung 55: Hier erkennen Sie die wesentlichen Merkmale, die man beim Zeichnen oder Malen eines Mundes berücksichtigen muß: Die Oberlippe liegt im Dunkeln, die Unterlippe erscheint hell. Verstärken Sie die Mittellinie des Mundes, indem Sie sie abschatten. Beachten Sie, daß die Mundwinkel stets eine kleine Vertiefung bilden, eine Art Spalt, der einen winzigen Schatten wirft.

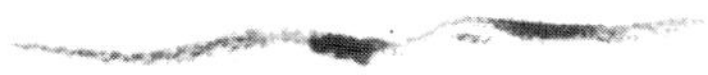

Abb. 52

Die Schlüssellinie des geschlossenen Mundes besteht aus einem deutlich sichtbaren welligen Strich, der die Mundwinkel und die Teilungslinie der beiden Lippen bezeichnet.

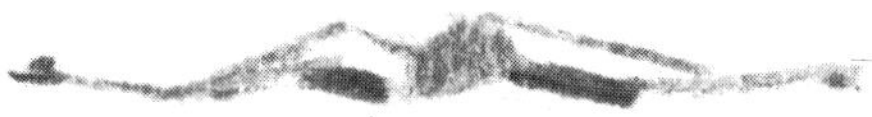

Abb. 53

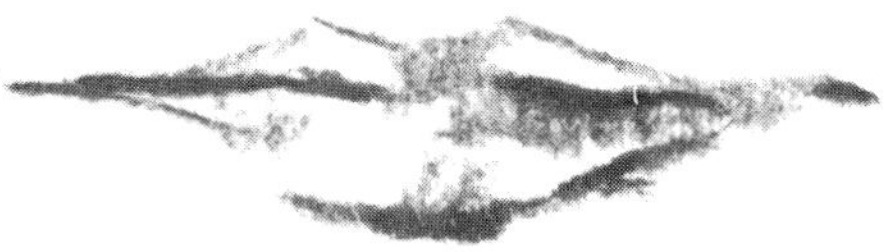

Abb. 54

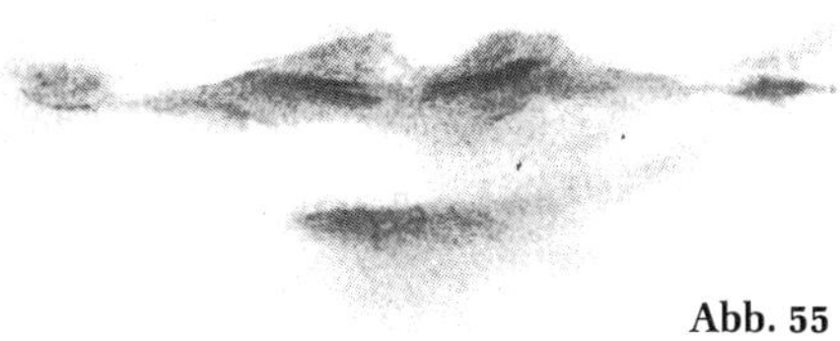

Abb. 55

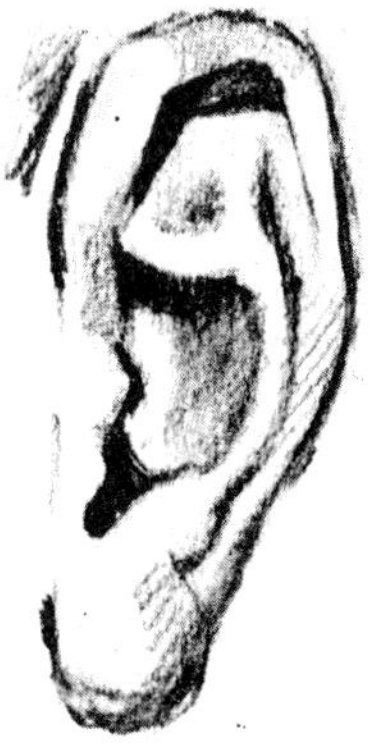

Abb. 56

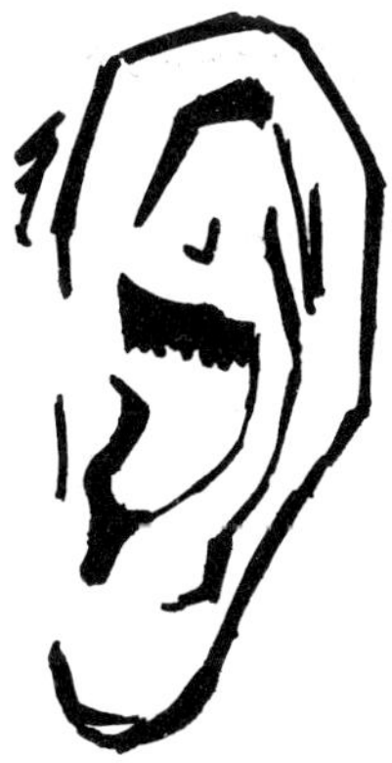

Abb. 57

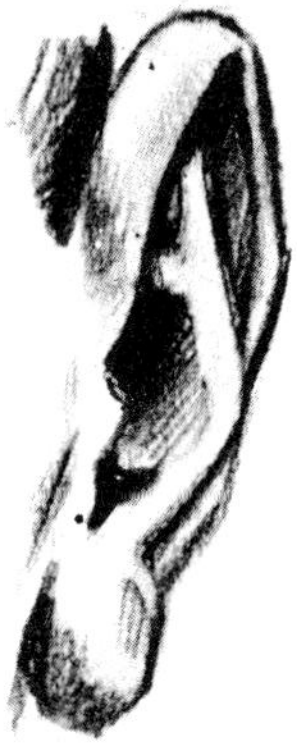

Abb. 58

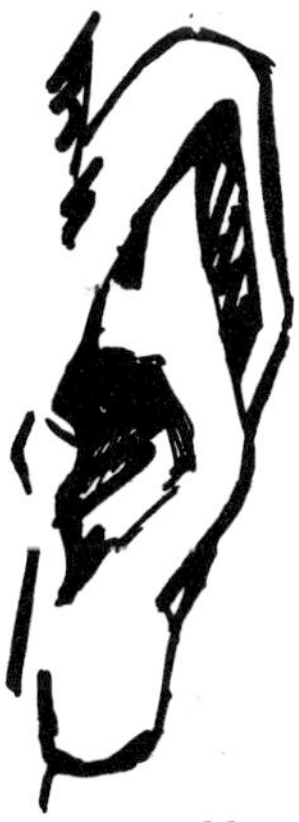

Abb. 59

Zeichnen Sie nun einige Ohren in der Frontal- und der Dreiviertelansicht

Zeichnen Sie Ihre Ohren zu Beginn mit Bleistift oder Zeichenkohle, und lösen Sie dabei die Probleme, die durch die Wirkung von Licht und Schatten entstehen. Versuchen Sie es anschließend mit einem Filzschreiber, um zu einer zusammenfassenden Sichtweise zu gelangen. Hierbei handelt es sich um eine sehr interessante praktische Übung, mit deren Hilfe Sie sich an die Formen des Ohrs erinnern (Abb. 56 bis 59).

Wie man die Haare zeichnet (und malt)

Die Wiedergabe der Haare durch Zeichnen oder Malen bereitet hinsichtlich der Form, der Spitzlichter und des Widerscheins, der Bewertung der Tonwerte und der Strich- beziehungsweise Pinselrichtung Probleme.

Das anhand der Abbildungen 60 bis 65 gezeigte Verfahren ist auf jedwede Frisur und Haarfarbe von Mann, Frau und Kind anwendbar.

Abbildung 60: Der erste Schritt besteht aus einer linearen Zeichnung, die mit großer Aufmerksamkeit angefertigt werden sollte.

Abbildung 61: Fahren Sie fort mit dem Skizzieren des Lichtes und der Schatten. Achten Sie dabei sorgfältig auf die Linienführung, und behalten Sie das Weiß den beleuchteten Stellen vor.

Abbildung 62: Der Tonwert entsteht durch wiederholtes Darüberzeichnen mit dem Bleistift, und zwar logischerweise immer in Strichrichtung der Frisur. Sehen Sie sich die Frisur mit ihren Reflexen und den glänzenden Stellen genau an. Hier muß man mit einem Wischer oder mit den Fingern eingreifen, die wie Wischer eingesetzt werden.

Wichtig ist, daß man die Abstufungen zunächst einmal schematisch skizziert, ohne auf das Haar, eine Haarsträhne oder eine Welle besondere Rücksicht zu nehmen – als handelte es sich um einen rein metallischen Glanz. Außerdem sollte man die Reflexe größer anlegen, als sie in Wirklichkeit erscheinen, um sie anschließend, ohne radieren zu müssen, auf ihre korrekten Proportionen zurückführen zu können.

Abbildung 63: Beachten Sie auf dieser Illustration die Strichart, die man für die Zeichnung und die Herausarbeitung der Haare verwendet. Sehen Sie sich die Anlage der Abstufungen bei jeder Strichserie genau an.

Abbildung 64: Betonen Sie zu Beginn der endgültigen Zeichnung die Teillungslinien und die am kräftigsten sichtbaren Hauptlinien mit einem dunklen Strich. Sie werden feststellen, daß manche Linien unter den glänzenden Stellen hinweggleiten und dabei unsichtbar werden, während andere sich bis in diese glänzende Partie hinein abstufen.

Abbildung 65: Zur Abrundung des vorigen Stadiums bearbeiten Sie zu übertriebene Spitzlichter mit dem Radiergummi. Betonen Sie die Kontraste oder provozieren Sie sie geradezu, damit die glänzenden Stellen noch sichtbarer werden. Zeichnen Sie schließlich die feinen Linien, die die glänzenden Stellen und die Reflexe durchziehen und die Haare mehr nach Haar aussehen lassen.

Abb. 60

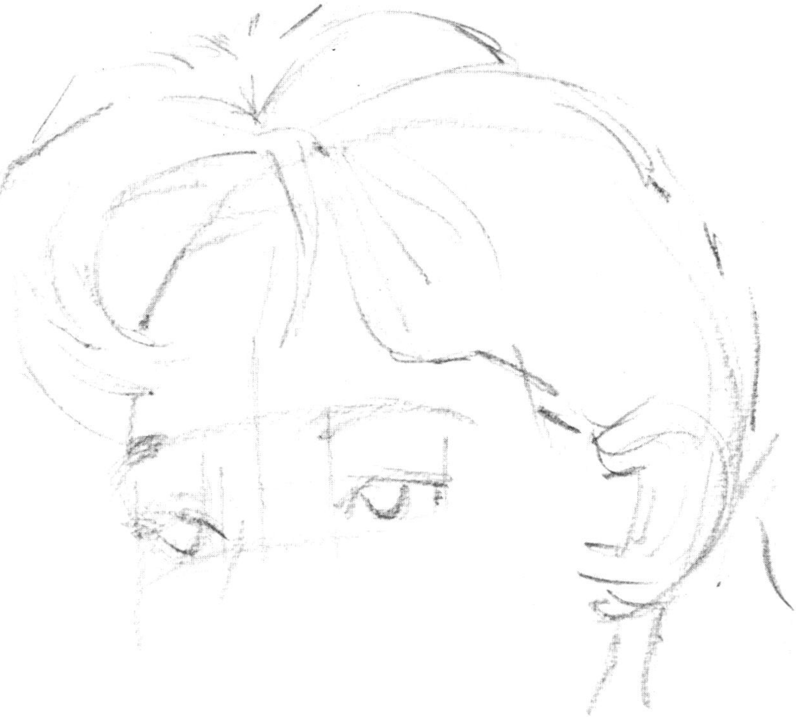

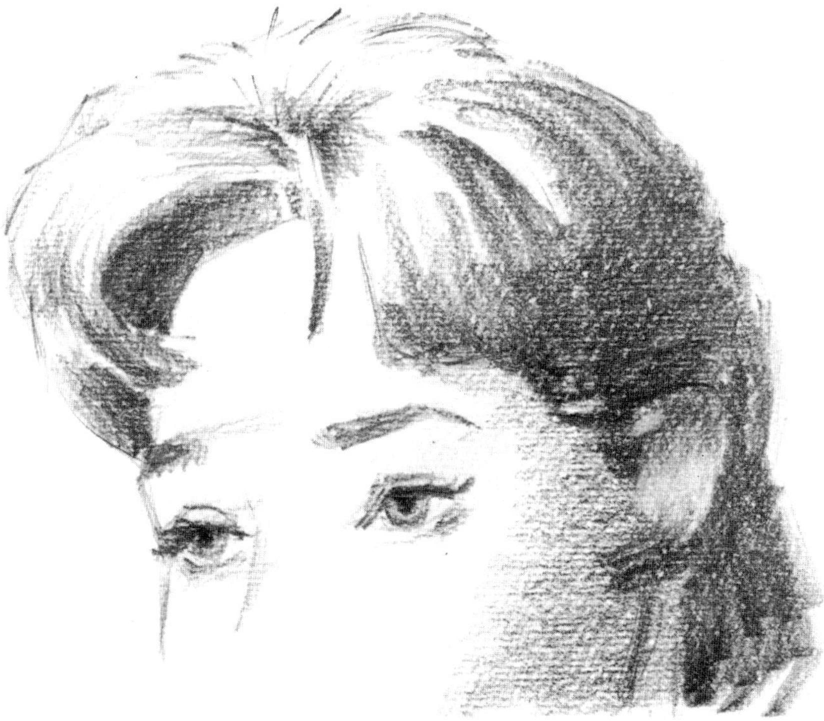

Abb. 61

Abb. 62

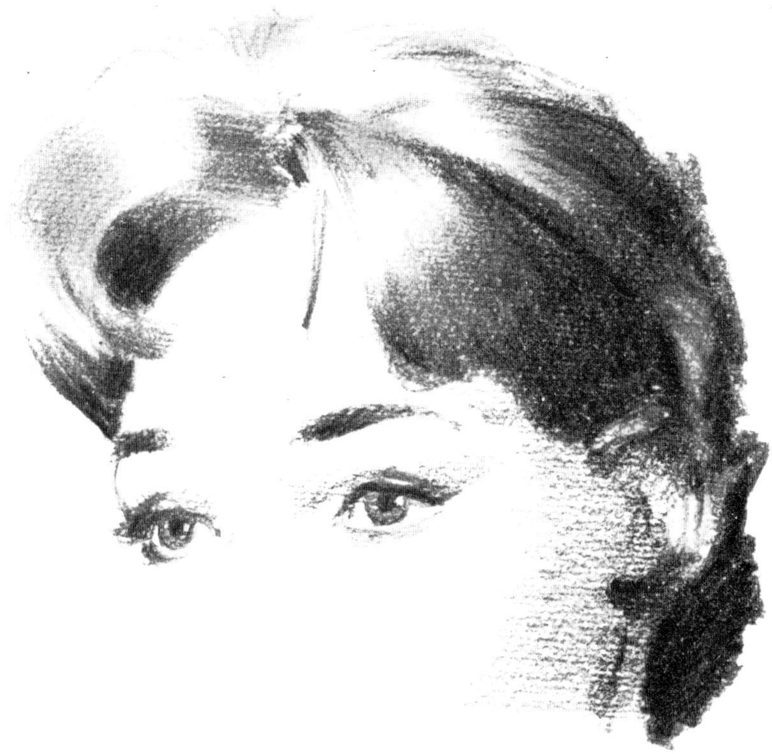

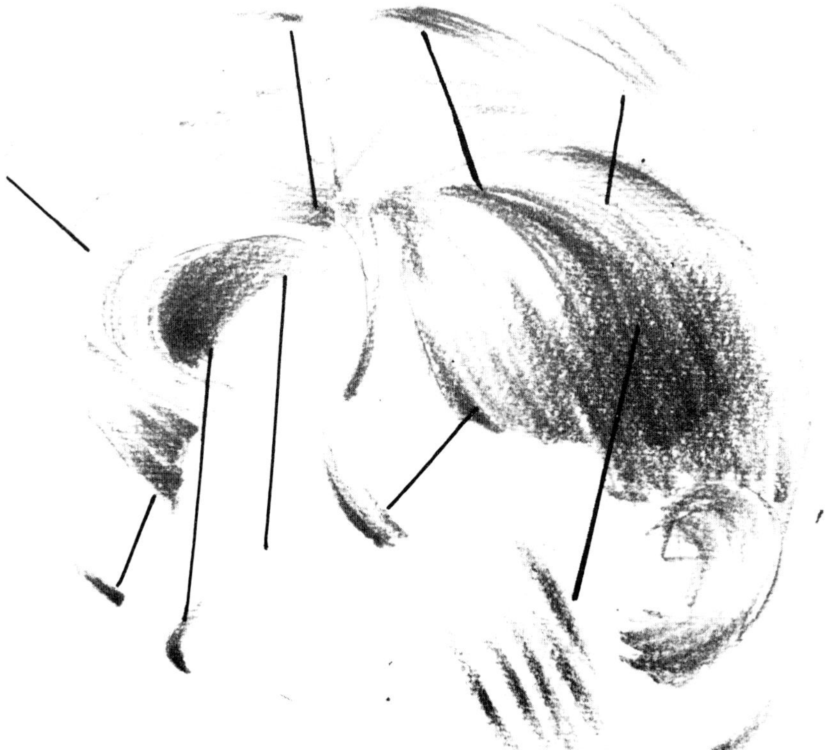

Abb. 63

Abb. 64

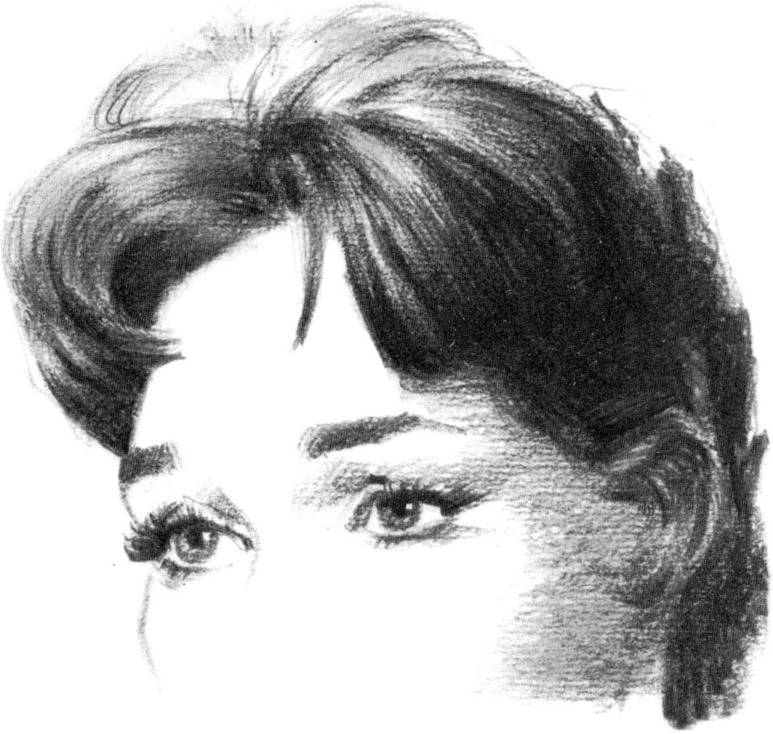

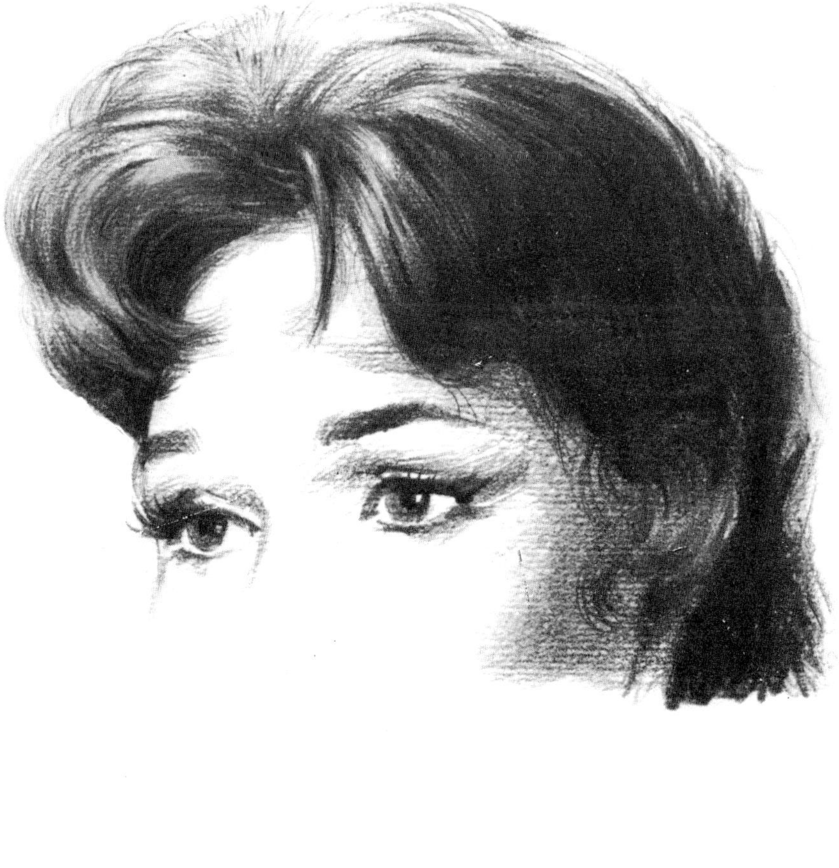

Abb. 65

Zeichnen Sie alles, aber zeichnen Sie langsam! Zeichnen Sie viel, aber zeichnen Sie gut!

Alle Übungen, die Sie jetzt ohne Rücksicht auf die Form, den Aufbau und die Ähnlichkeit ausführen sollen, werden Ihnen später die Anfertigung Ihres Selbstporträts erleichtern. Die Arbeit wäre jedoch vergeblich, wenn Sie weiterhin Skizzen, Entwürfe oder Schemata zeichneten und keine ausgezeichnete „ganze Arbeit" leisteten – mit einem Wort, wenn Sie die Probleme, die Schwierigkeiten, die Befriedigung und die Erfahrung, die der Künstler beim Zeichnen oder beim Malen verspürt, nicht ganz intensiv miterleben. Bei jeder Zeichnung und jeder Malerei gibt es ein erstes lineares Endstadium, eine zweite, etwas dunklere Ausführung und schließlich ein drittes Stadium, in dem der Künstler den Tonwert und die Farben festlegt und schließlich die Abschlußarbeiten an den Details und jene Pinselstriche ausführt, die die Arbeit bereichern.

Man muß sich durch alle drei Etappen hindurcharbeiten, um Malen oder Zeichnen zu lernen.

Abb. 66

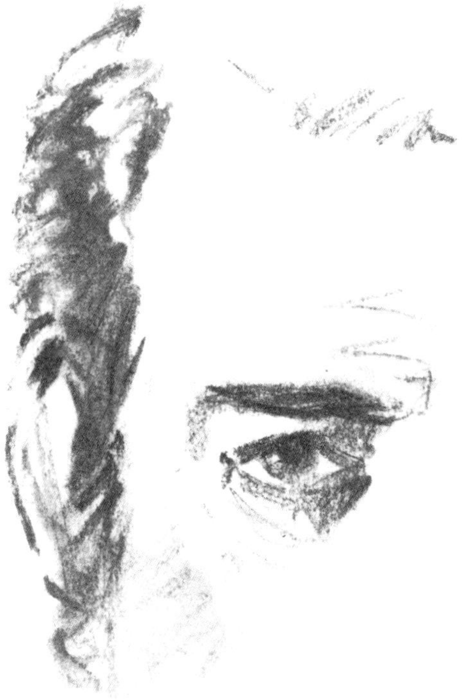

Abbildung 66: Hier die rasche Skizze eines Auges, eines Ohrs und eines Teils der Haare. Eine solche Skizze stellt keine Synthese dar, die normalerweise eine überlegte und methodische, also langsame Ausführung erfordert.

Gut und rasch ist doppelt gut

Nachdem sich der Künstler durch alle Vorbereitungsstadien hindurchgearbeitet hat, verspürt er das Bedürfnis, seine Ausdrucksfähigkeit stärker zu konzentrieren und sich „in nur wenigen Worten“ auszudrücken. Dann entstehen in ihm die Notwendigkeit und der Wunsch, stärker zusammenzufassen.

Velasquez war der große Meister dieser Synthese. Manet hat aus den Bildern Velasquez' und auch Goyas viel für seine Arbeit gelernt. Tatsächlich hat er, nachdem er ihre Malweise im Prado in Madrid erkannte, den Impressionismus eingeleitet; denn der Impressionismus beruht auf der Technik dieser Synthese.

Im Prado kann man genau erkennen, wie Velasquez ein Auge, eine Nase oder die Lippen malte, wie es ihm gelang, mit nur fünf oder sechs Strichen die Form eines Auges oder den Ausdruck eines Blickes wiederzugeben.

Bei der Reduzierung einer Form auf die graphische Synthese geht es nicht darum, eine Skizze, eine Studie oder eine Schemazeichnung davon anzufertigen. So handelt es sich zum Beispiel bei dem auf Abbildung 66 reproduzierten Auge nicht etwa um das Ergebnis einer Synthese, sondern um eine Skizze. Dagegen sehen Sie anhand der Abbildungen 67 bis 70 auf dieser und der folgenden Seite, was wir unter der Synthese einer Form verstehen.

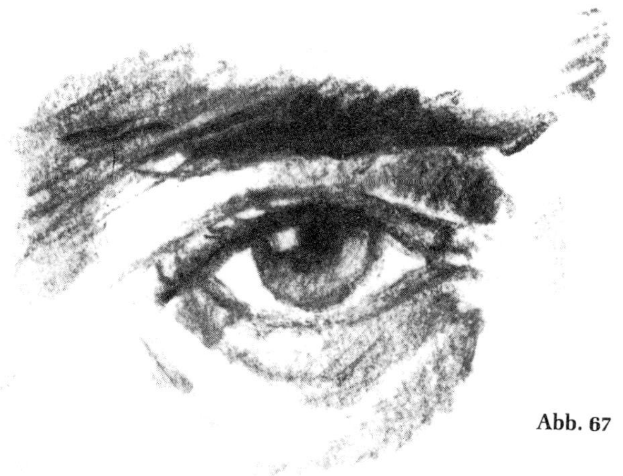

Abb. 67

Abbildung 67: Hier die Zeichnung eines Auges mit Zeichenkohle ohne jede persönliche Interpretation, in der alle Härchen und alle Einzelheiten wiedergegeben werden.

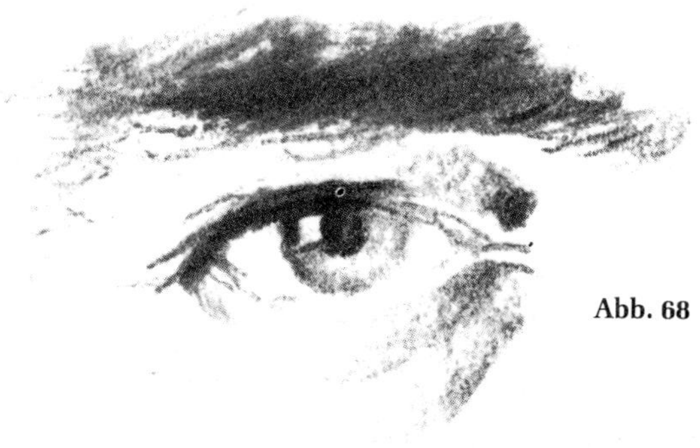

Abb. 68

Abbildung 68: Dies ist die synthetische Sichtweise des vorigen Auges. Die Schatten wurden fortgelassen, die Linien und Formen sind präzisiert; ausgewählt wurden die für die Form repräsentativsten Striche. Auf diese Weise erzielte der Künstler ein vereinfachtes Bild.

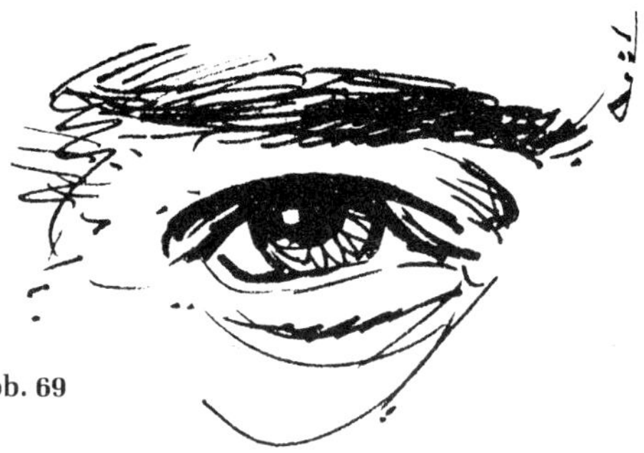

Abb. 69

Abbildung 69: Dasselbe Auge erfordert mit der Feder gezeichnet eine größere Anstrengung hinsichtlich der Synthese, da man nicht mit Grautönen spielen kann. Nebenstehend sehen Sie die sparsamere Wahl der Linien und die wichtigsten Flächen zur Wiedergabe der Form und des Volumens.

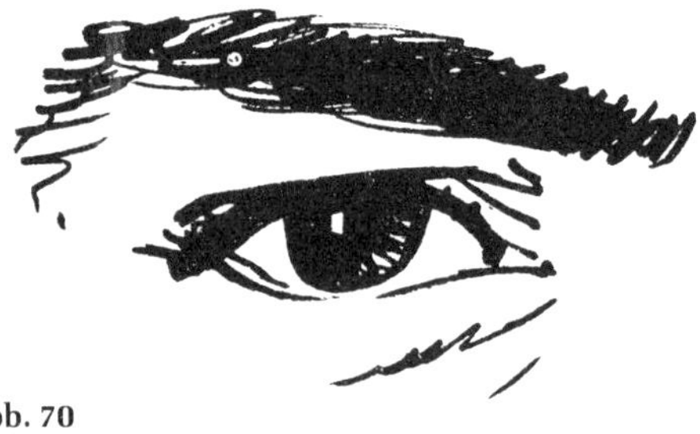

Abb. 70

Abbildung 70: Wie zu erkennen, kann man zu einer noch größeren Zusammenfassung gelangen, indem man die Striche und Flächen sowie Licht und Schatten auf die einfachsten Ausdrucksformen reduziert.

„Man malt, wie man zeichnet" (Ingres)

Ich rate Ihnen, vor Beginn des eigentlichen Malens Ihres Selbstporträts mehrere, übrigens meist recht amüsante Sitzungen auf das Zeichnen Ihres Gesichtes aus unterschiedlichen Blickwinkeln zu verwenden. Dadurch festigen sich zum einen Ihre Kenntnisse des Aufbaus, der Maße und Proportionen, wodurch Sie anschließend mit größerer Leichtigkeit malen – getreu dem Ausspruch Ingres „Man malt, wie man zeichnet"; zum anderen bestimmen Sie auf diese Weise am einfachsten die geeignetste Pose, die beste (natürliche oder künstliche) Beleuchtung, die besten Kontraste, den besten Ausdruck etc. Ich selbst habe bei diesen Skizzen, die ich vor Inangriffnahme meines Selbstporträts angefertigt habe und als Beispiel in diesem Buch aufführen möchte, mit Bleistift, einem schwarzen Filzschreiber, dessen Ergebnis dem der Feder und der Rohrfeder ähnelt, sowie mit Rötelkreide und Zeichenkohle gearbeitet.

Übrigens habe ich erheblich mehr Skizzen angefertigt, als auf den folgenden Seiten reproduziert worden sind. So gehörten zum Beispiel Studien des Oberkörpers, des Ganzporträts, der Hände, der Kleidung etc. dazu, die ich mit Kugelschreiber, Pastellkreide oder Wachskreide anlegte, ohne mich um eine Ähnlichkeit zu kümmern. Mir ging es nur um die Probleme des Aufbaus, der Beleuchtung, der Tonwertbestimmung, der Strichrichtung (bei der ich bereits an die Pinselstriche dachte) und der Farben. Leonardo da Vinci schrieb in seinem „Traktat über die Malerei" übrigens folgendes zum Thema Tonwertbestimmung und Strichrichtung:

> „Du mußt das hellste Licht und die dunkelsten Schatten erkennen; du mußt wissen, wo und in welchem Verhältnis sie sich mischen. Achte beim Aufbau der Körper auf die Richtung der Linien (die Strichrichtung), denn manche laufen in die eine und manche in die andere Richtung, und gelegentlich zeichnen sie sich weniger oder im Gegenteil stärker als sonst ab. Du machst raschere Fortschritte, wenn du dies berücksichtigst."

Studieren und in die Praxis umsetzen, diesen Weg haben alle großen Meister eingeschlagen – selbst die modernsten. Keiner von ihnen hat es unterlassen, alle Kunsttechniken auszuprobieren. Der Schriftsteller Françis Jourdain fragte Cézanne eines Tages:

„Welchen Rat würden Sie einem jungen Maler geben?"

„Er sollte kopieren, kopieren und nochmals kopieren. Er sollte ein Ofenrohr bis zur Perfektion nach der Natur zeichnen. Erst dann kann er bei der Malerei mitreden."

Und Picasso riet den jungen Leuten: „Beginnen Sie wie ich, und zeichnen Sie Ihre Modelle äußerst gewissenhaft bis zu den Fußzehen."

Ich selbst habe zahlreiche Nachmittage mit dem Zeichnen von mehr oder weniger vollendeten Köpfen und Gesichtern verbracht und mich auch einige Sitzungen lang nur mit sehr raschen Skizzen von maximal drei, manchmal sogar zwei Minuten befaßt. Dann habe ich geradezu fieberhaft gezeichnet und die Bleistiftmine oder den Filzschreiber nicht einen Augenblick vom Papier abgehoben. Wegen der äußersten Konzentration, die dafür erforderlich ist, rate ich Ihnen ebenfalls zu dieser Übung.

Also: „Lernen Sie zeichnen – und malen – durch Zeichnen."

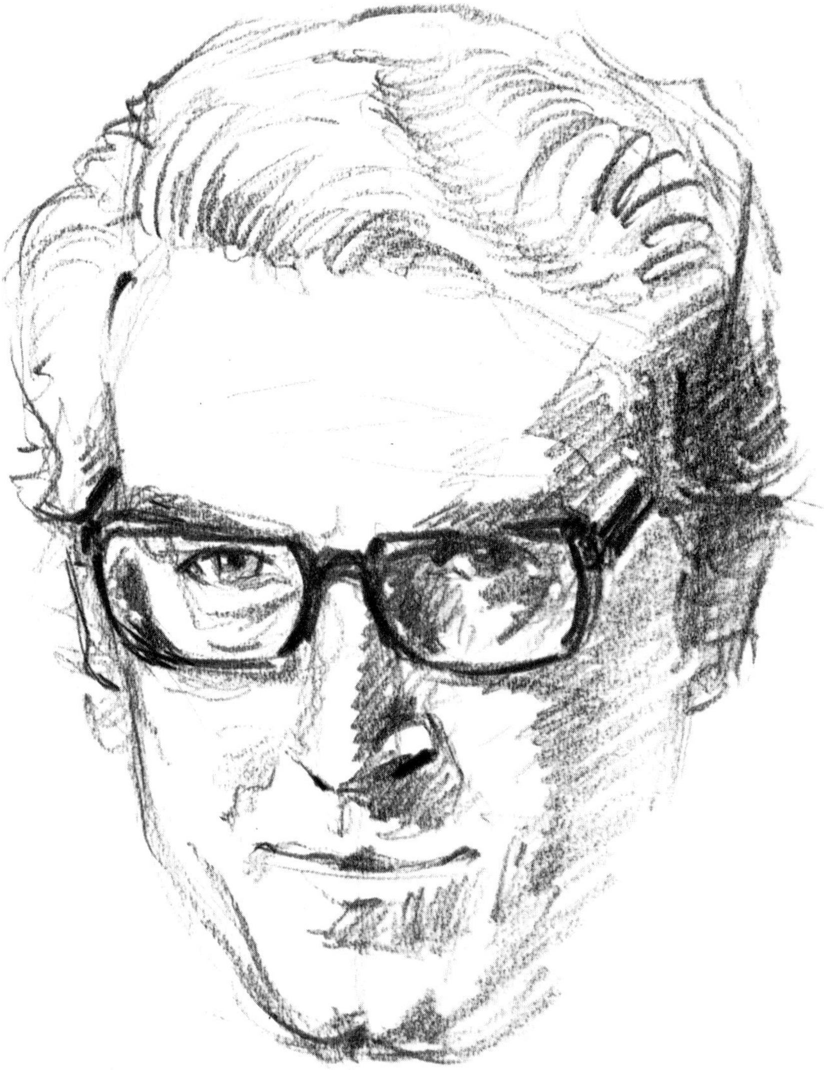

Abb. 71

In der leicht geneigten Position der beiden ersten Skizzen (Abb. 71 und 72) kann man den Kopf am einfachsten unbeweglich halten und den Blick dabei gleichzeitig in den Spiegel und auf das Zeichenbrett werfen. Die Skizze von Abbildung 71 wurde mit einem Bleistift höherer Qualität 3B auf Papier mit gleichmäßigem Korn vom Typ Canson angelegt. Dafür habe ich zunächst einen Rahmen geschaffen und die Form der Brille angelegt und gezeichnet. Anschließend konnte ich dann die Teilungslinien und die Proportionen des übrigen Kopfes bestimmen.

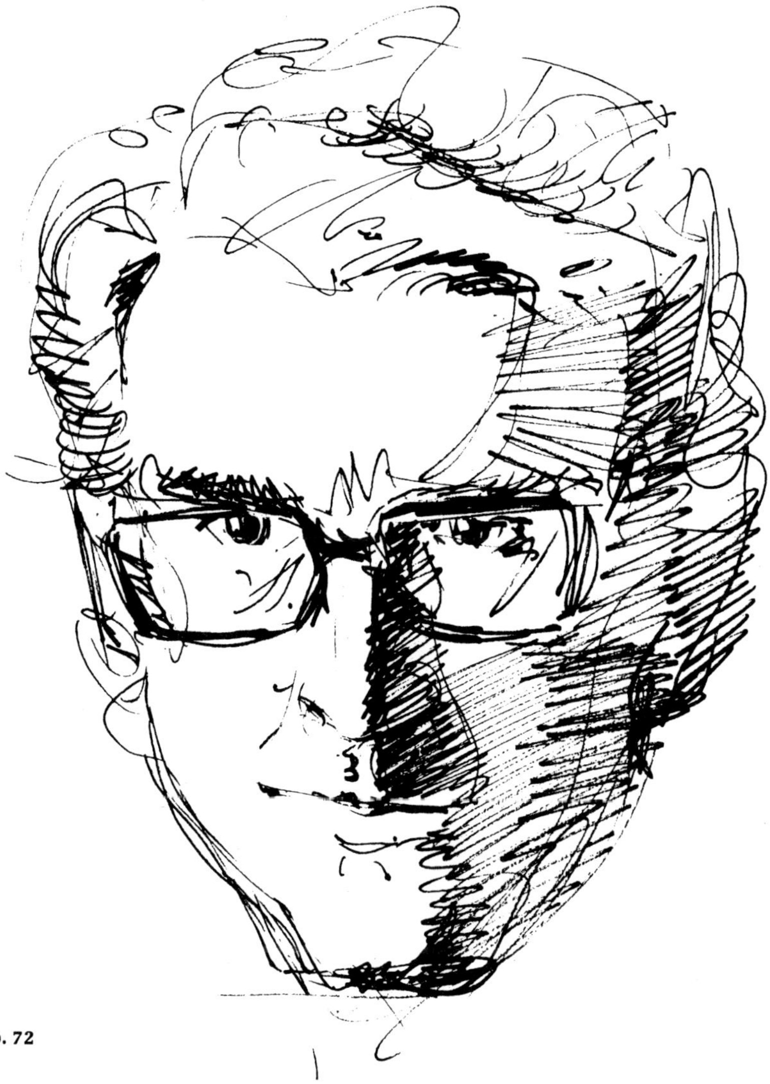

Abb. 72

Abbildung 72 zeigt eine äußerst rasche Skizze, die mit schwarzem Filzschreiber auf Papier gehobener Qualität (Canson) beinahe ohne abhebende Hand gezeichnet wurde. Sie können feststellen, daß sich manche Striche aufgrund des fieberhaften Zeichnens und Aufbauens ineinander verschlingen.

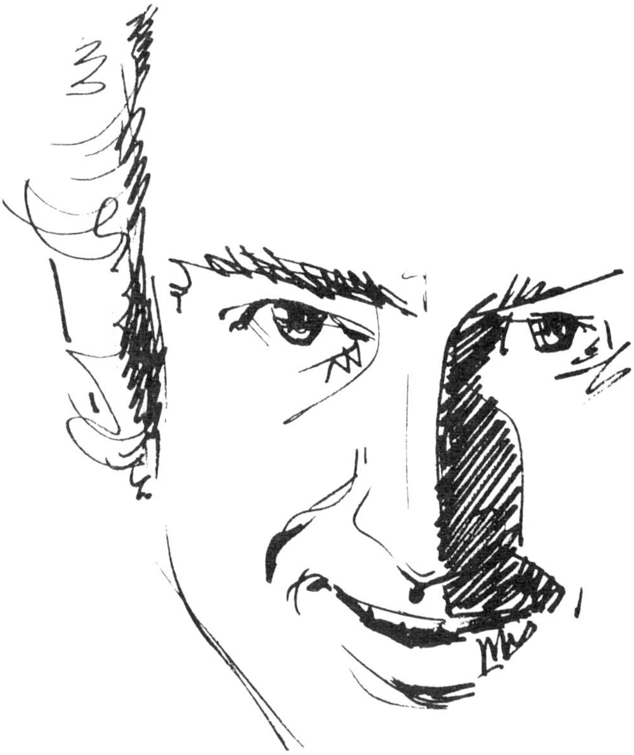

Abbildungen 73 und 74: Hier zwei Studien einer graphischen Synthese mit schwarzem Filzschreiber, bei denen ich mit so wenig Strichen wie möglich auskomnmen wollte. Beachten Sie die geringe Anzahl der Striche für die Augen und die Augenbrauen der linken Skizze.

Abb. 73

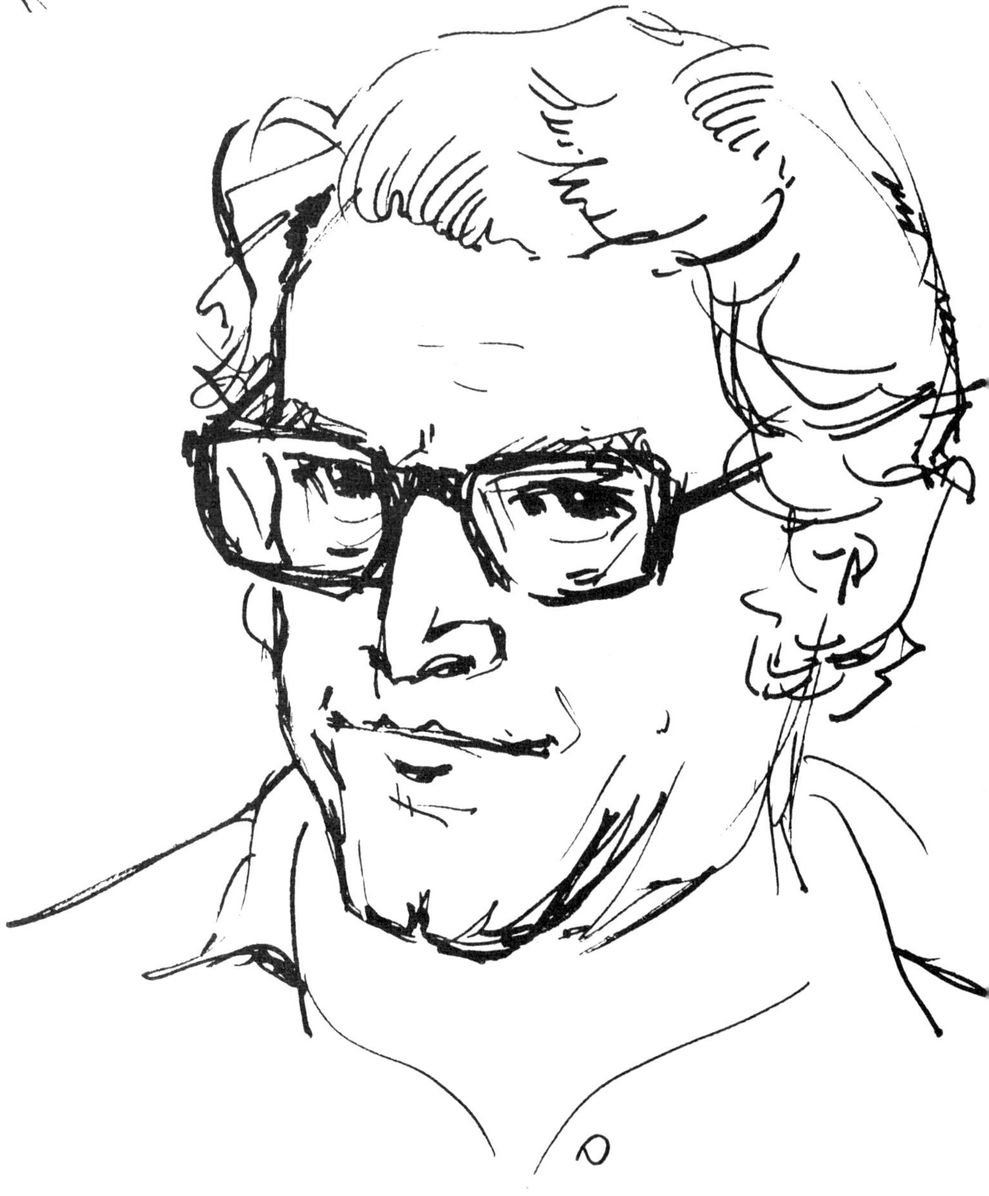

Abb. 74

Rötelkreide und Zeichenkohle

Rötelkreide und Zeichenkohle haben hinsichtlich der Instabilität, des Nuancenreichtums und der einfachen Anwendung eine gewisse Ähnlichkeit. Mit ihnen lassen sich leicht Grautöne und Abstufungen, sowie Skizzen normalen und großen Formats anlegen. (Normalerweise zeichnet man Porträtstudien mit Zeichenkohle in normalem Format).

Beide Materialien lassen sich gut mit den Fingerspitzen verstreichen, bei beiden kann man mit Hilfe des Radiergummis helle und mittlere Grautöne, Lichteinfälle und Spitzlichter anlegen.

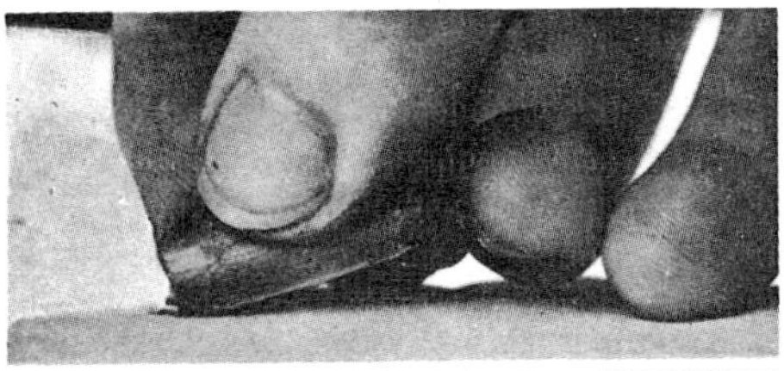

Abb. 75

Zeichenkohle ist in Form von etwa bleistiftlangen Holzkohlestäben erhältlich. Rötel wird als kleine Stangen aus mit Wasser und Lack verschmolzenen Erdfarben angeboten. Man bezeichnet sie übrigens auch als Kreiden, die in zwei oder drei Tönen erhältlich sind.

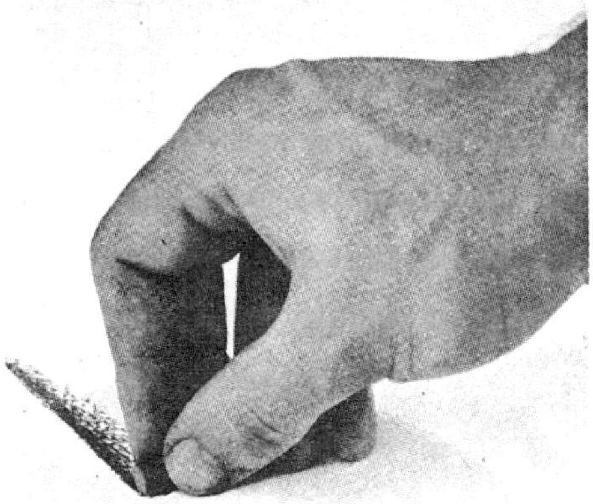

Abb. 76

Sowohl die Zeichenkohle, als auch die Rötelkreide benutzt man als ganze Stäbe, oder man bricht sie in kleine Stücke und zeichnet entweder mit der Kante, um feine Linien zu erzielen, oder mit der flachen Seite, mit der man bis zu 2 cm breite Striche zeichnen oder malen kann, wie auf Abbildung 76 zu sehen.

Rötelkreide und Zeichenkohle sind zweifellos die beiden besten Mittel, um Malen zu lernen. Die Arbeit mit ihnen ist in der Tat die Vorstufe zur Malerei.

Sowohl Rötelkreide als auch Zeichenkohle lassen sich mit Hilfe eines Fixativs auf der Basis von Gummi und Alkohol oder eines Spezialsprays aus dem Künstlerbedarfsgeschäft übersprühen.

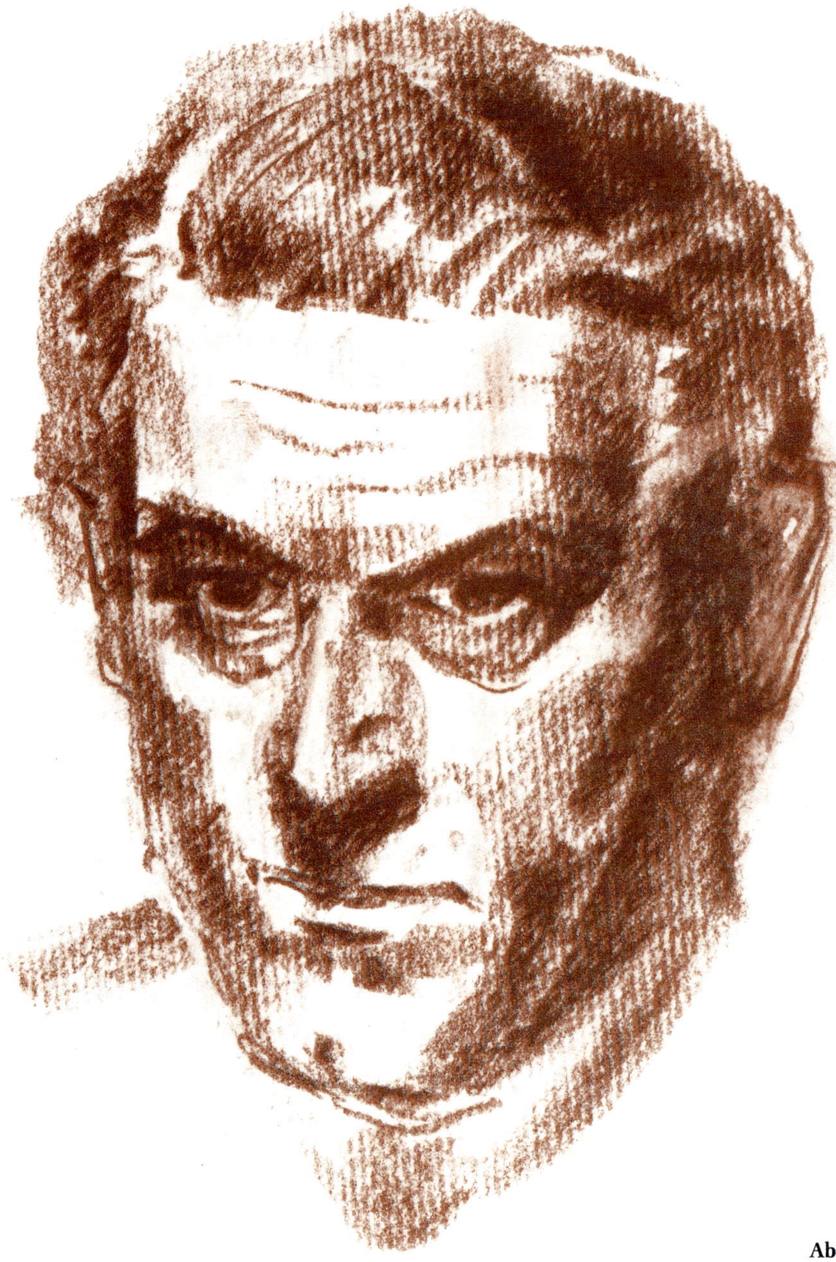

Abb. 77

Abbildung 77: Hier eine mit Rötelkreide auf Büttenpapier gezeichnete Skizze, bei der das Korn gut sichtbar ist.

Abbildung 78: Auf der gegenüberliegenden Seite sehen Sie eine Skizze, die mit einem flach aufgelegten Stück Rötelkreide auf normalem Zeichenpapier angefertigt wurde.

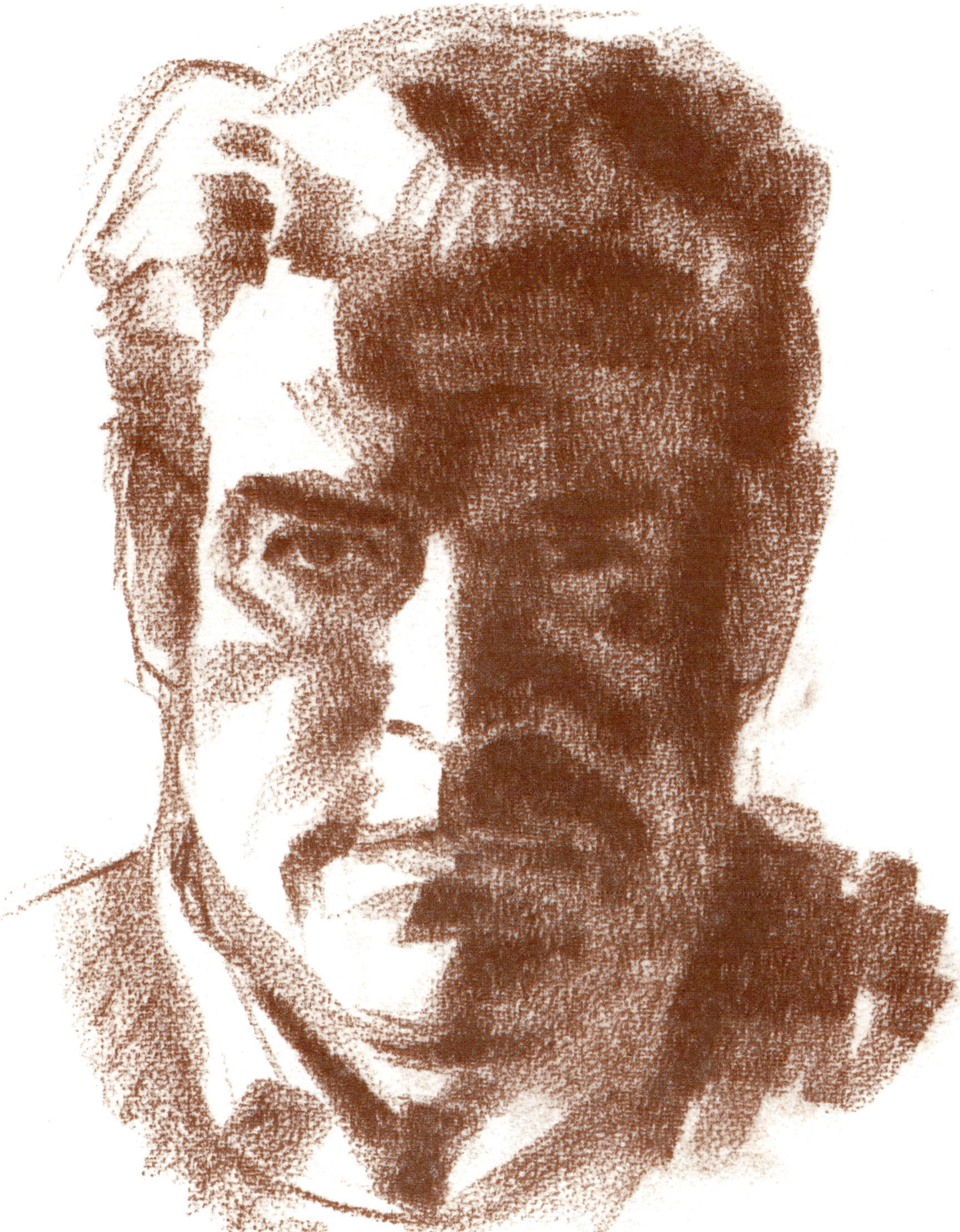

Abb. 78

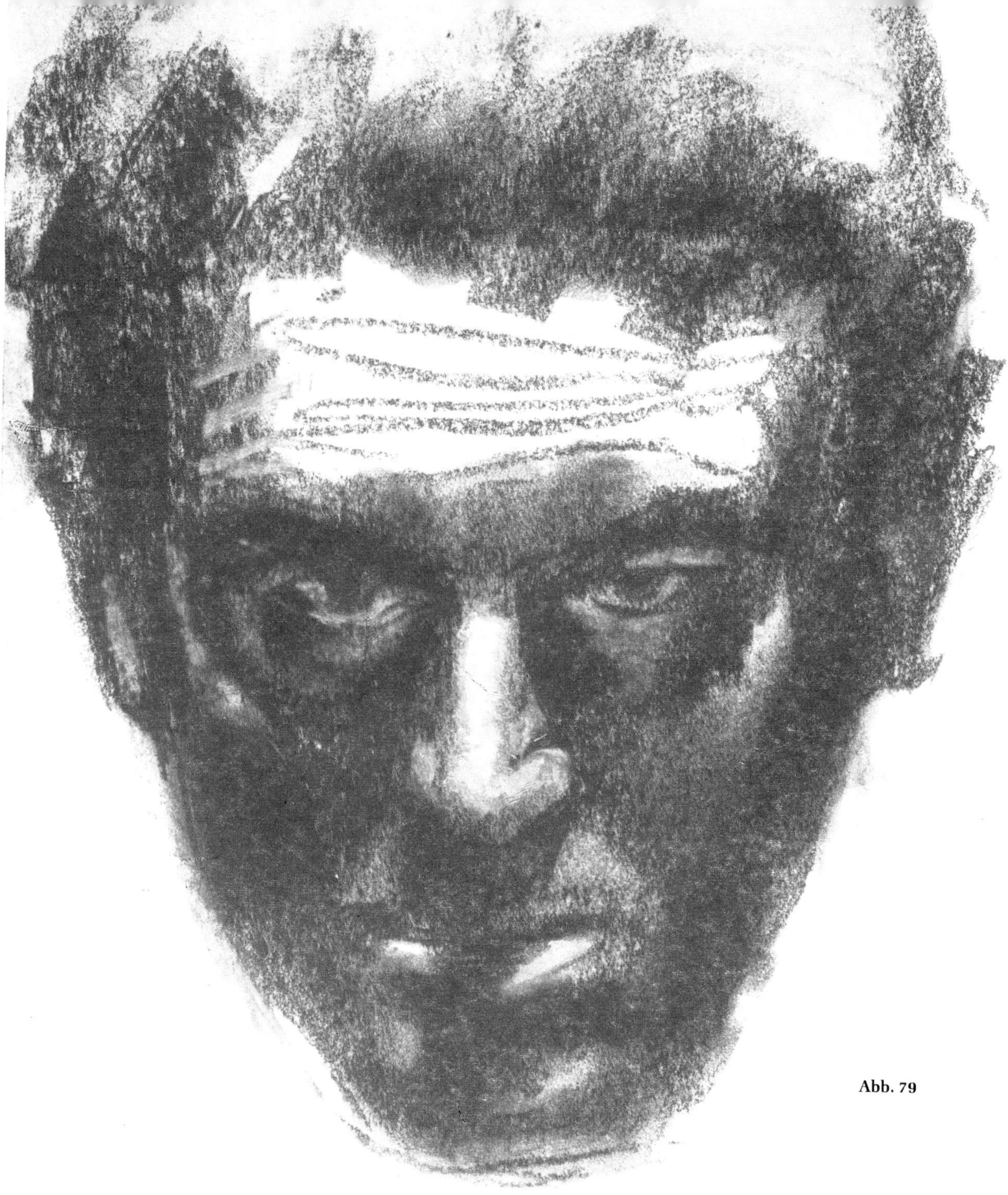

Abb. 79

Abbildung 79: Eine bei Kunstlicht hergestellte Studie. Durch die halbgeneigte Kopfhaltung entsteht jene besondere, so dramatische Wirkung von Licht und Schatten, die so lange überarbeitet werden muß, bis eine stark aufgebaute Zeichnung wie die von Abbildung 80 entsteht.

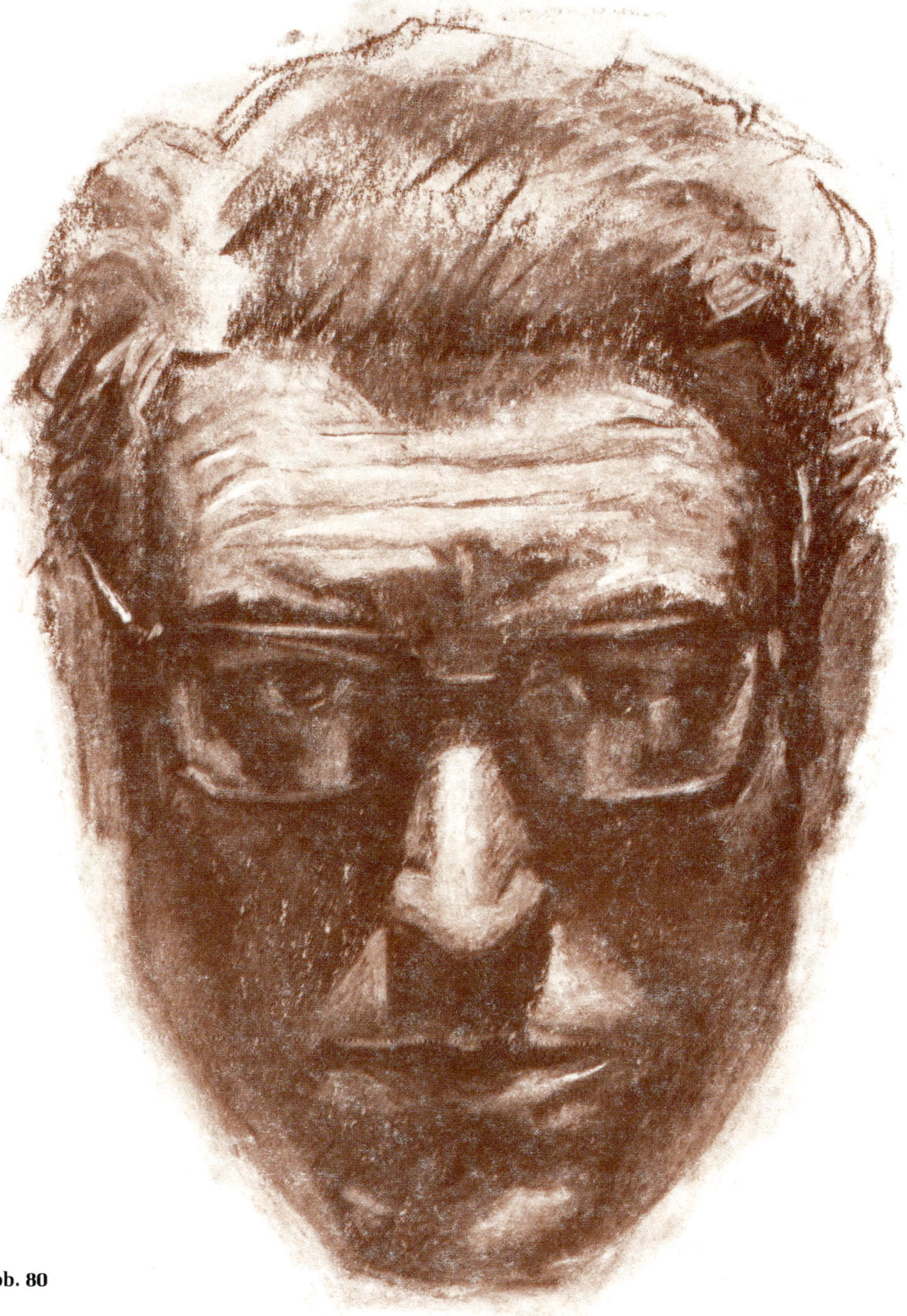

Abb. 80

Abbildung 80: Und hier haben wir sie – mit Rötel und weißer Kreide auf Canson-Papier von mittlerem Korn gezeichnet (man könnte sogar sagen: gemalt). Beachten Sie die Einzelheiten der Brille, die auf der vorigen Skizze noch nicht zu erkennen sind. Es bereitet keinerlei Schwierigkeiten, sie noch hinzuzufügen. Gleichzeitig bietet ihre geometrische und symmetrische Form eine wertvolle Hilfe bei der Umzeichnung und beim Aufbau des Gesichtes im allgemeinen. Das gilt insbesondere für die Breite des Kopfes sowie die Lage und die Maße der Augenbrauen, der Augen, der Ohren und der Nase.

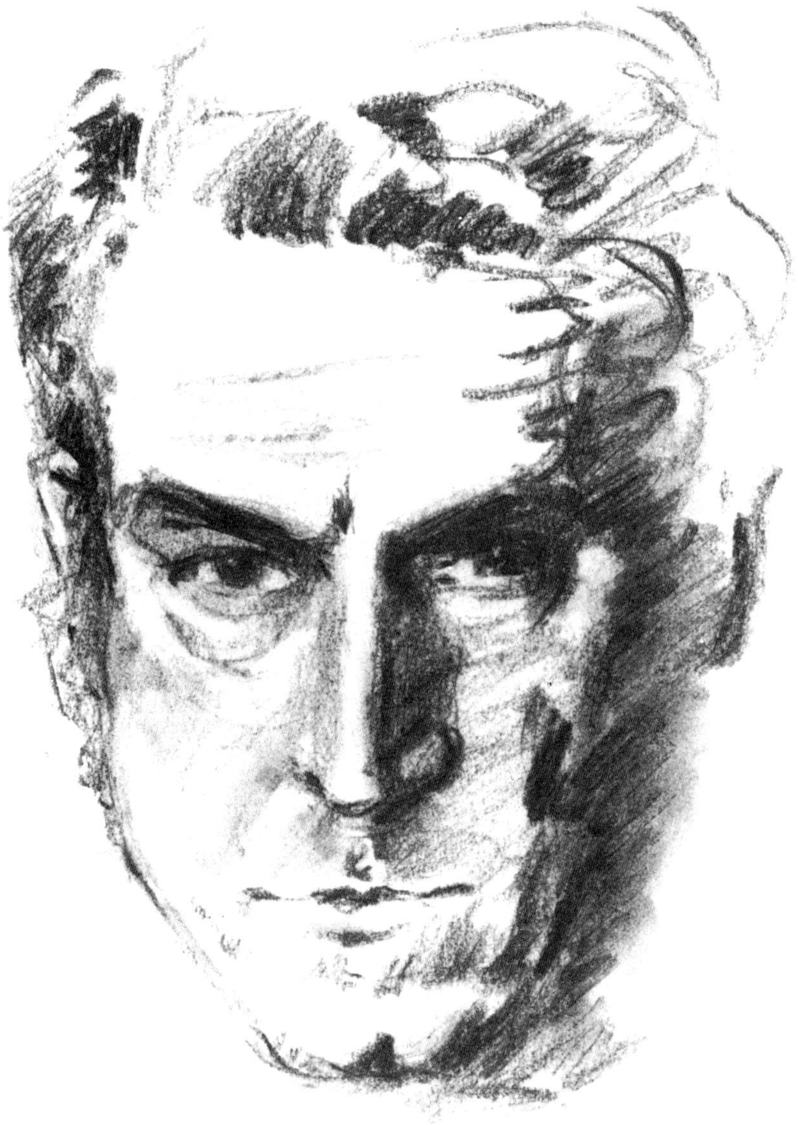

Abb. 81

Abbildung 81: Hier eine endgültige Skizze mit Zeichenkohle auf Canson-Papier von mittlerem Korn. Ich nehme an, Sie kennen Zeichenkohle und stimmen mit mir darin überein, daß sie eine der praktischsten, bildhaftesten und amüsantesten Ausdrucksmittel ist. Das gilt vor allem, wenn man mit einem jener weichen Stäbe arbeitet, die einen intensiven, satten Ton (wie man ihn manchmal auch mit Pastellkreide erhält) und ein einzigartiges Schwarz ergeben.

Ihr Selbstporträt in Farbe

Ich nehme an, Sie kennen die Farbentheorie. Erlauben Sie mir trotzdem, sie Ihnen vor allem anhand von Illustrationen kurz ins Gedächtnis zurückzurufen, damit sie Ihnen wieder gegenwärtig ist und Sie alle Möglichkeiten der Komposition und der Farbmischungen auf der Grundlage der chromatischen Gesetze, der Regeln über die Komplementärfarben, der Konstraste und der Farbinduktionen etc. voll ausschöpfen können.

Erinnern Sie sich, daß es für uns Maler nur drei Farben gibt, die durch keinerlei Mischung anderer zu erhalten sind. Daher nennt man sie die Grund- oder Primärfarben.

Grundfarben:
Gelb, Zyanblau und Pupur

Erinnern Sie sich ferner, daß sich (nach der Theorie von Newton und Young) aus diesen drei Grundfarben durch Synthese die sechs Farben des Sonnenspektrums oder des Regenbogens ergeben. Schließlich sollten Sie nicht vergessen, daß die paarweise Mischung der genannten Grundfarben drei weitere Farben ergibt, die sogenannten Zweit- oder Sekundärfarben.

Sekundärfarben:
Grün, Orangerot, Dunkelblau (violettstichig)

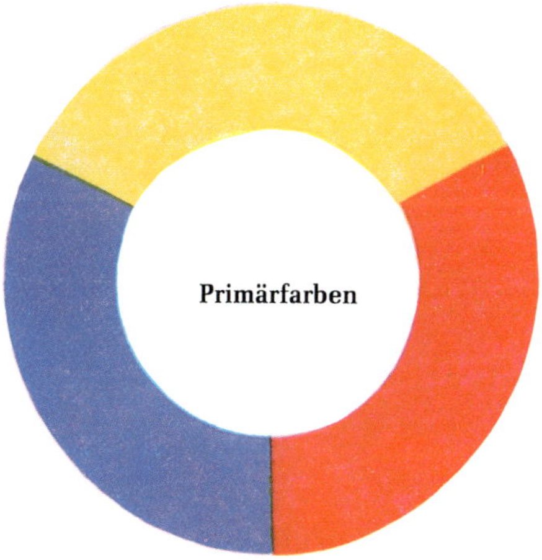

Abbildung 82: Für uns Maler sind die Grundfarben Gelb, Zyanblau und Magentarot.

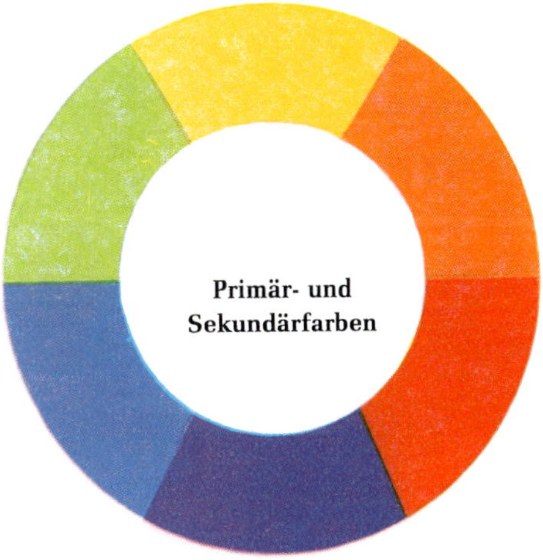

Abbildung 83: Die paarweise Mischung zweier Primärfarben ergibt die drei Sekundärfarben: Grün, Rotorange und Dunkelblau (violettstichig).

Abb. 84

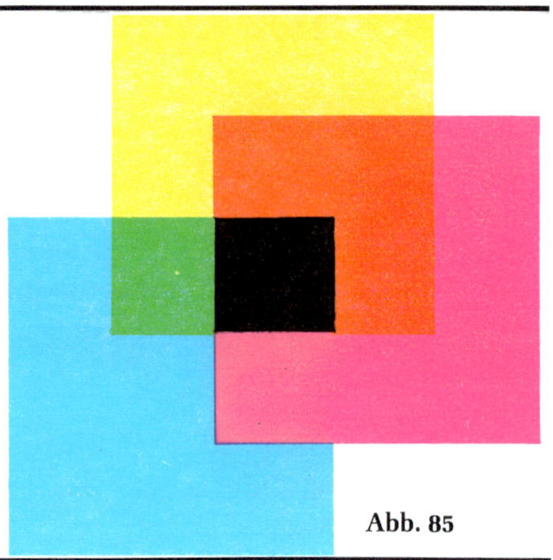

Abb. 85

Die obigen Abbildungen 84 und 85 zeigen, wie aus einer Mischung der drei Grundfarben die Sekundär- oder Zweitfarben entstehen. Die Überlagerung aller drei Grundfarben ergibt theoretisch Schwarz.

Mischen wir nun ebenfalls jeweils paarweise eine Grundfarbe und eine Zweitfarbe, erhalten wir eine Zwischenfarbe, Dritt- oder Tertiärfarbe genannt. Auf diese Weise verfügen wir über sechs weitere Farben.

Tertiärfarben:
Orange, Karmin, Violett, Ultramarin,
Smaragdgrün und Hellgrün

Drei plus drei plus sechs = zwölf. Wir verfügen nun über zwölf unterschiedliche Farben, um den chromatischen Kreis (Abb. 87) zu bilden. Beachten Sie ebenfalls, daß die genannten Farben in derselben Anordnung im Sonnenspektrum auftauchen, und zwar mit einer noch größeren Anzahl von Zwischentönen (Abb. 86).

Abbildung 86: Die Skala der Regenbogenfarben erhält man durch das Zerlegen des Lichts im Sonnenspektrum. Das Spektrum enthält alle Farben der Natur.

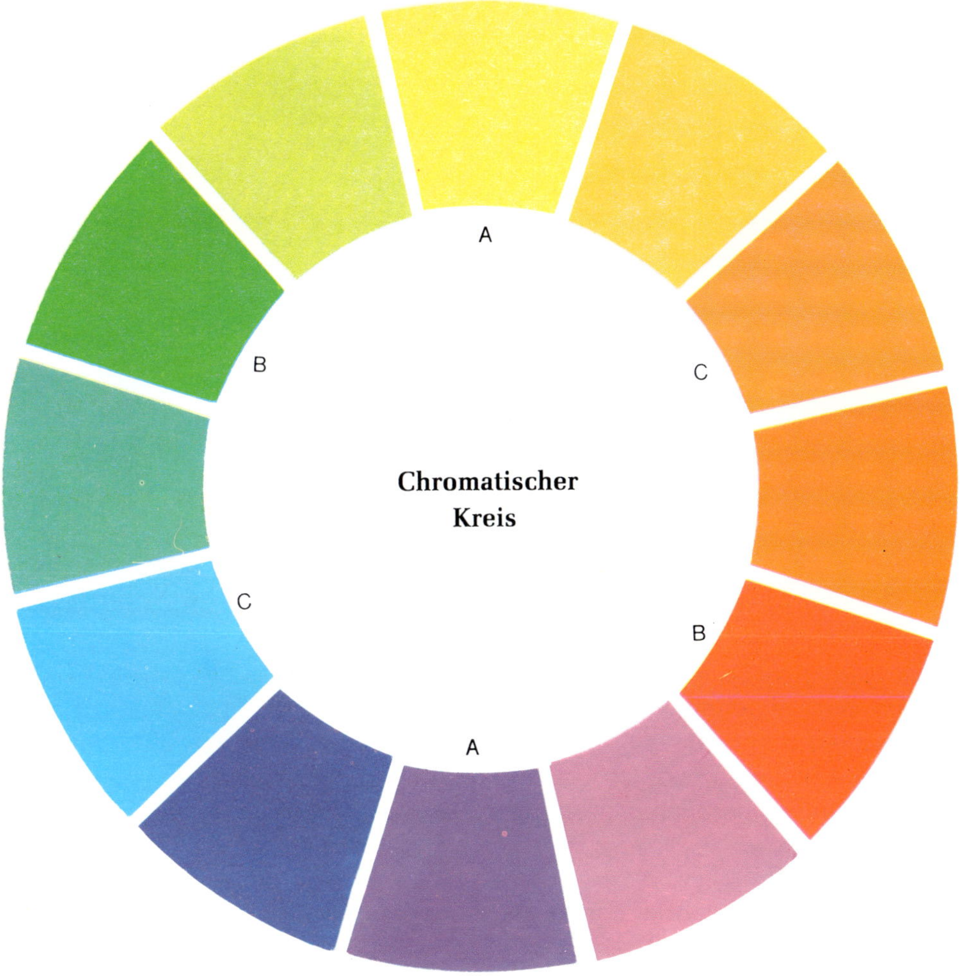

Abbildung 87: Der chromatische Kreis besteht aus den drei Primärfarben, den drei Sekundärfarben und den sechs Tertiärfarben. Beachten Sie, daß sich die Komplementärfarben paarweise gegenüberstehen: A-A Dunkelblau-Violett ist komplementär zu Gelb; B-B Grün ist komplementär zu Rot; C-C Orange ist komplementär zu Blau.

Wissen Sie noch, was Komplementärfarben sind?

Es handelt sich dabei um jene Farben, die als Lichtstrahl gebündelt zusammen das weiße Licht wieder herstellen. Für uns Maler, die nicht mit Lichtfarben, sondern mit Pigmentfarben arbeiten, führt die erneute Zusammensetzung der Farben dagegen zum umgekehrten Ergebnis:

Die Mischung zweier Komplementärfarben ergibt Schwarz.

Das geht aus den Abbildungen 84 und 85 deutlich hervor. Auf Abbildung 84 erhalten wir ein Grün. Die Überlagerung von Pupur und Grün auf Abbildung 85 ergibt Schwarz.

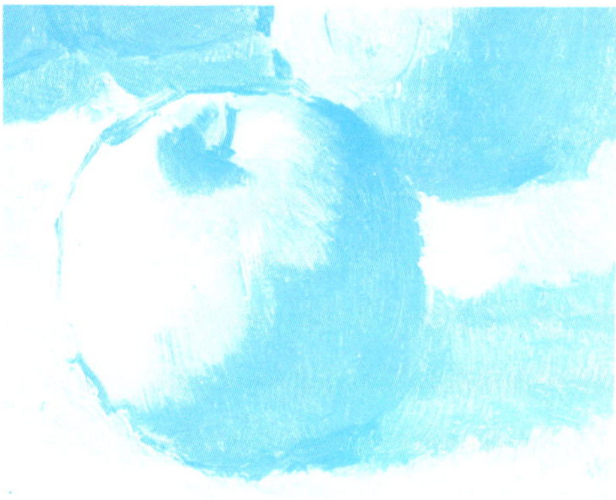

Abbildung 88: Im Schatten befindet sich immer Blau.

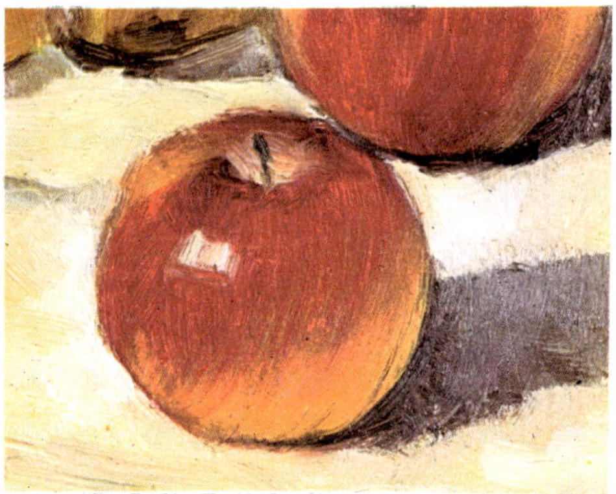

Abbildung 89: Im Schatten wirkt die Farbe dunkler.

Wo benötigt man diese Komplementärfarben?

Die Komplementärfarbe befindet sich jeweils im Schatten

Alle Körper enthalten prinzipiell drei Faktoren, die ihre Farbe bestimmen: Die Lokal- oder Eigenfarbe des Körpers, die tonale Farbe oder Schattenfarbe und die umgebende Farbe oder das von in der Nähe befindlichen weiteren Körpern zurückgeworfene Licht. Eine gründliche Untersuchung der tonalen Farbe zeigt uns ferner, daß mangelndes Licht die Körper blau tönt. Deshalb läßt sich sagen:

Im Schatten der Körper befindet sich immer Blau.

Gehen wir von dieser Feststellung und von der Tatsache aus, daß wir uns fast nie einer einfachen, das heißt reinen Farbe gegenübersehen, gelangen wir zu der Schlußfolgerung, daß sich in allen dem Licht oder dem Schatten ausgesetzten Körpern immer auch ein mehr oder weniger großer Anteil Blau befindet. Wir können also folgende Regel aufstellen:

Abbildung 90: Auch die Komplementärfarbe der Eigenfarbe ist Bestandteil des Schattens.

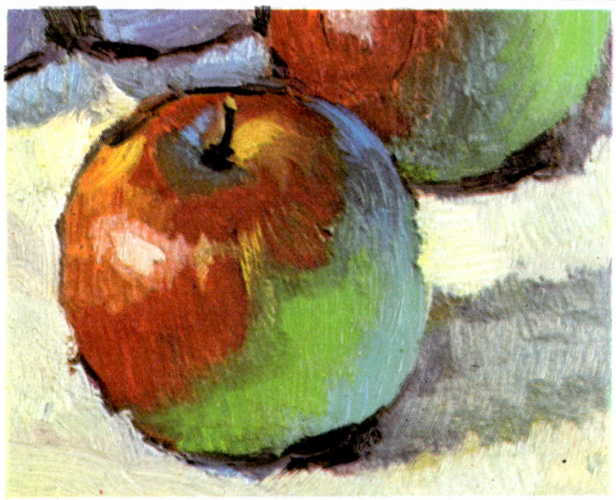

Abbildung 91: Die Mischung dieser drei Nuancen ergibt die Schattenfarbe.

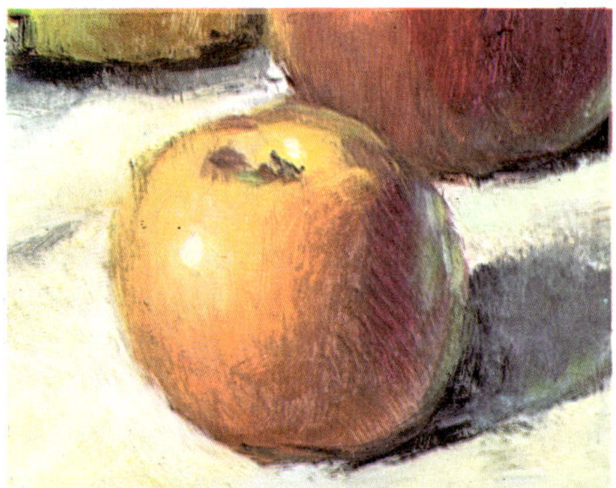

Abb. 92

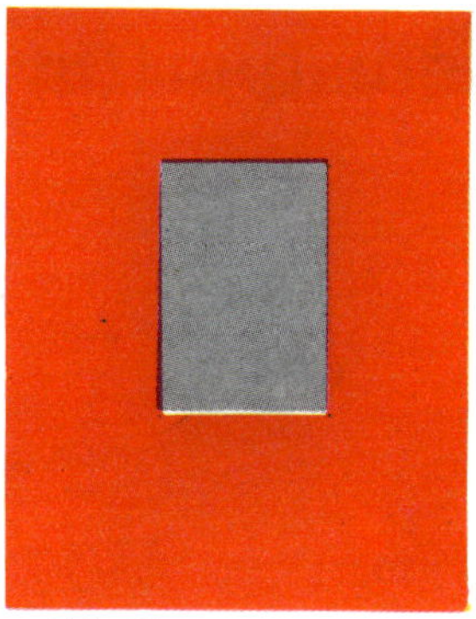

Abb. 93

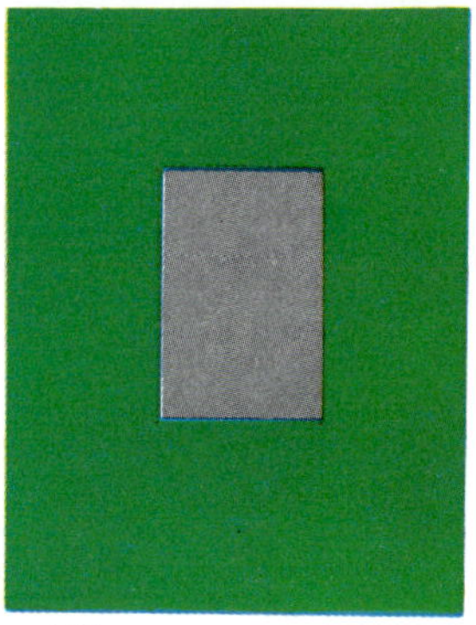

Abb. 94

In den Schattenfarben eines Körpers befinden sich die folgenden drei Farben:

a) Blau, das in allen Schatten enthalten ist,
b) die um einen Ton abgeschattete Lokalfarbe,
c) die jeweilige Komplementärfarbe der Lokalfarbe.

Die Abbildungen 88, 89, 90 und 91 bezeugen diese Regel und rechtfertigen die Notwendigkeit, die Farbe auch vom theoretischen Standpunkt unter Einbeziehung des Spiels der Komplementärfarben zu untersuchen.

Kontrast und Induktion

Betrachten wir zum Abschluß das Gesetz der sogenannten Simultankontraste. Es besagt:

Eine Farbe wirkt um so heller je dunkler die umgebende Farbe ist.

Wir erkennen auf den Abbildungen 92, 93 und 94, daß dasselbe Grau viel heller wirkt, wenn es von Rot, statt von Gelb umgeben wird. Aus derselben Abbildung geht hervor:

Malt man einen Hintergrund in Rotorange, erscheint die Form im Vordergrund leicht blaustichig.

Das Grau der Abbildungen 92, 93 und 94 erhält durch Induktion (oder aus Sympathie, wie man so schön sagt) eine leichte Nuance in der Komplementärfarbe seines jeweiligen Hintergrunds.

Um ein Wort Chevreuls aufzugreifen, der als einer der ersten diese Farbwirkung untersucht hat:

Jede Farbe wird durch ihre Komplementärfarbe neutralisiert.

Ihr Selbstporträt in Öl

Ölfarbe: eine königliche Malerei

Um die Bezeichnung „königliche Malerei" zu begreifen, die zahlreiche Kritiker und Künstler, die diese Farbe benutzen, der Ölmalerei verliehen haben, muß man sie zunächst mit den anderen Techniken vergleichen. Erinnern wir uns zum Beispiel, daß Pastellkreide sehr empfindlich ist, die Gouache zu schnell trocknet, man bei Aquarellfarben kein Weiß benutzen kann etc. Vor allem beim Malen der Fleischfarben erkennt man, daß kein anderes Verfahren als die Arbeit mit Ölfarbe einem die Möglichkeit gibt, das Leben selbst zu erfassen und darzustellen.

Der berühmte Philosoph und Kritiker Hegel spielte darauf an, indem er sagte, daß allein die Ölmalerei in der Lage sei, wirklich perfekt die Lebendigkeit der Fleischfarbe wiederzugeben; denn nur sie ermöglicht dank eines bildhaften Verfahrens die zartesten und einfühlsamsten Verschmelzungen, in dem die Übergänge so wenig zu erkennen sind, daß man nicht sagen kann, wo die eine Farbe aufhört und die andere beginnt.

Genau das ist der Vorzug der Ölmalerei: Man arbeitet mit einem undurchsichtigen Material, das restlos deckt, das man dick und kompakt, wie es aus der Tube kommt, anwenden kann oder auch transparent wie einen Schleier oder fein wie einen durchsichtigen Film, wenn man es mit einem geeigneten Mittel verdünnt. Die Farbe trocknet relativ rasch, aber doch nicht so schnell, als daß die nächsten drei oder vier Stunden nicht noch Retuschen oder das Verschmelzen und Mischen gewisser Farben mit anderen möglich wäre.

Wie Ihnen bekannt, bereiteten die alten Meister ihre Ölfarben selber zu, indem sie gewisse Materialien mit Erdfarben zerkleinerten und sie mit Hilfe von Öl und Lack mischten und banden. Diese handwerkliche Arbeit erforderte naturgemäß einen erheblichen Aufwand und brachte gewisse Risiken mit sich, deren größtes in einem Mischungsfehler bestand, so daß der Künstler mit instabilen Farben malte, die mit der Zeit schwarz wurden oder rissen.

Glücklicherweise bleibt uns diese Vorbereitungsarbeit mit all ihren Nachteilen heutzutage erspart. Die industrielle Fertigung von Ölfarben hat inzwischen absolute Vollkommenheit erreicht – vorausgesetzt natürlich, man hält sich an gute Markenprodukte.

Ölfarben werden heute im allgemeinen in Zinntuben von drei unterschiedlichen Größen angeboten. Die Hersteller von Ölfarben fertigen eine außordentlich große Farbauswahl an, die bis zu hundert und mehr unterschiedlichen Farben und Nuancen gehen kann. Es gibt jedoch eine, wenn man so will, klassische Zusammenstellung von Farben, die gewöhnlich von der großen Mehrheit der Künstler verwendet wird.

Die von Kunstmalern normalerweise verwendeten Ölfarben

Kadmiumgelb citron
*Cadmiumgelb mittel
*Lichter Oker
Siena natur
Siena gebrannt
*Umbra gebrannt

*Kadmiumrot mittel
*Krappkarmin dunkel
*Smaragdgrün
*Kobaltblau dunkel
*Ultramarin dunkel
*Preußischblau

*Titanweiß
Elfenbeinschwarz

Normalerweise kommt der Kunstmaler also abgesehen von Weiß und Schwarz, mit zwölf Farben aus. Auf drei davon, die als nicht so wichtig gelten, kann man gegebenenfalls verzichten. (Es handelt sich um jene, die in der Aufzählung ohne Sternchen erscheinen.) Weiß ist dagegen nicht nur unverzichtbar, man braucht es sogar wesentlich mehr als alle anderen Farben, da es in den meisten Mischungen vertreten ist. Schwarz könnte man gegebenenfalls fortlassen. Das tun übrigens viele Künstler, denn sie mischen es mit Hilfe von Preußischblau und Umbra gebrannt oder Grün und Karmin selbst und modifizieren dabei den jeweiligen Anteil der einen oder anderen Farbe, je nachdem, ob das Schwarz einen bläulichen, karminartigen oder gebrannten Stich besitzen soll.

Zum Malen mit Ölfarbe benutzt man Schweinsborstenpinsel mit einer Aluminiumklemme und einem lackierten Holzstiel, die insgesamt etwa 30 cm lang sind. Je nach Form ihrer Haarkörper können die Pinsel rund, flach oder in der sogenannten Katzenzungenfaçon angefertigt sein (siehe Seite 68). Die Dicke des Haarkörpers und damit die Stärke des Pinsels wird im allgemeinen durch in den Stiel eingedruckte Ziffern angegeben, die jeweils in Zweierabstand von 0 bis 22 reichen (0, 2, 4, 6 etc.). Für gewisse Effekte und manche Striche benötigt man zusätzlich Rotmarderpinsel.

Liste der Kunstmalern normalerweise benutzten Pinseln

Ein Schweinsborstenpinsel rund, Nr. 4
Ein Rotmarderpinsel rund, Nr. 4
Ein Rotmarderpinsel rund, Nr. 6
Ein Schweinsborstenpinsel flach, Nr. 4
Ein Schweinsborstenpinsel flach, Nr. 6
Ein Schweinsborstenpinsel flach, Nr. 8
Zwei Schweinsborstenpinsel flach, Nr. 12
Ein Schweinsborstenpinsel (oder Katenzungenfaçon), Nr. 14
Ein Schweinsborstenpinsel flach, Nr. 20

Ölfarben lassen sich verdünnen. Dazu benötigt man je nach Notwendigkeit Terpentinersatz, Leinöl oder einen harzhaltigen Lack. Nicht raffiniertes Terpentin (man kann es normalerweise benutzen, wie es ist) unterdrückt das Öl in der Farbe und verleiht dem getrockneten Bild ein mattes Aussehen. Leinöl- oder harzhaltige Lacke verzögern das Trocknen der Farbe ein wenig. Außer in Fällen, in denen man mit einer stark verdünnten Farbe arbeiten möchte, sollte man die Farbe so verwenden, wie sie aus der Tube kommt.

Zur Anwendung der Verdünnungsmittel sind im Handel spezielle Näpfe erhältlich, die sich an der Palette befestigen lassen. Auf Abbildung 95 ist das gut zu erkennen.

Geläufige Farbkarte

*Kadmiumgelb citron

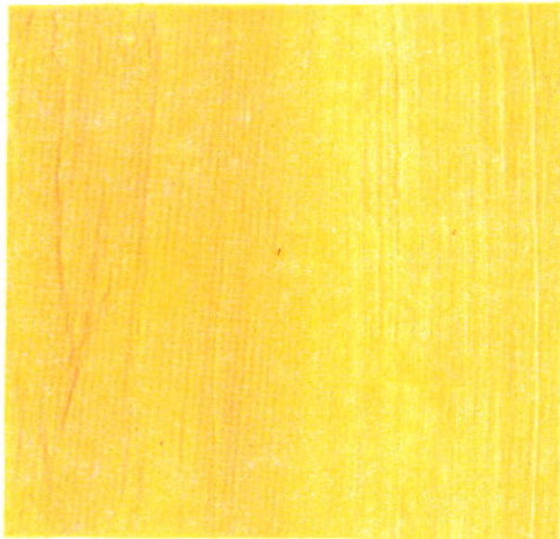

*Kadmiumgelb mittel

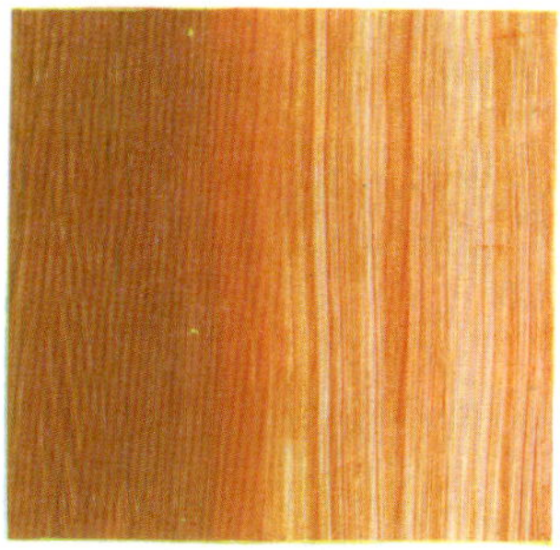

*Lichter Ocker

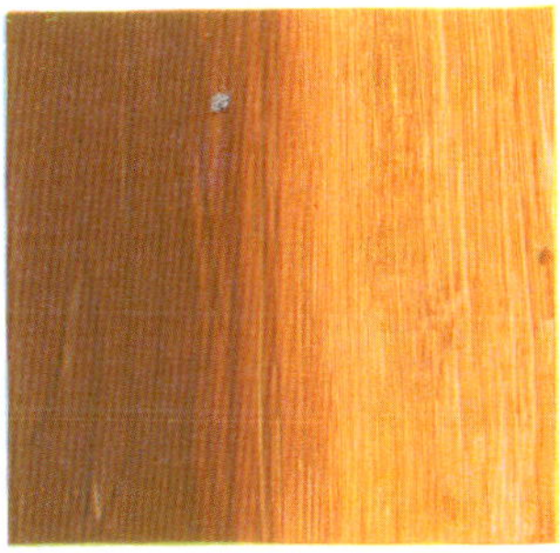

Siena natur

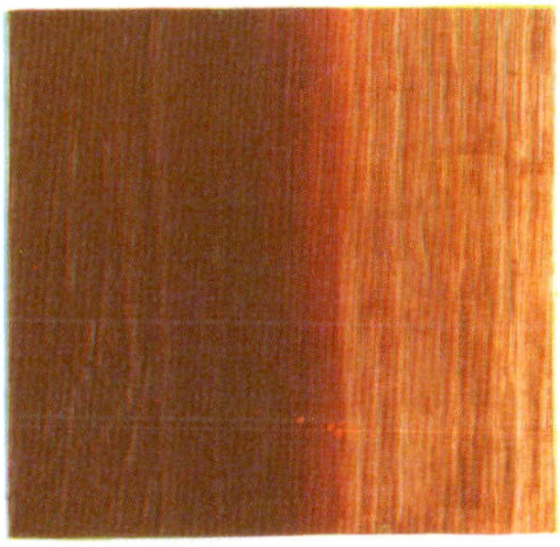

Siena gebrannt

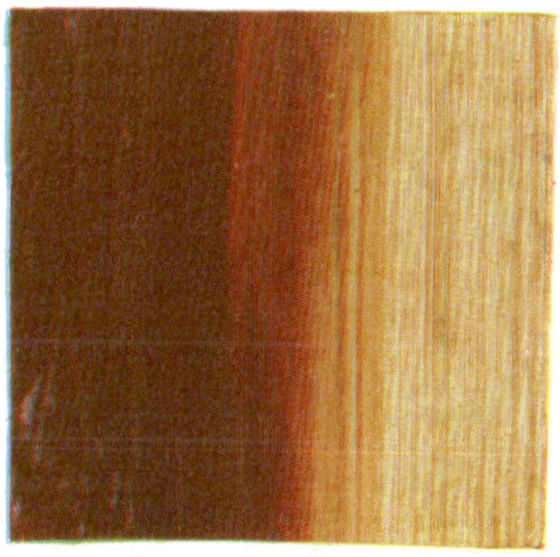

*Umbra gebrannt

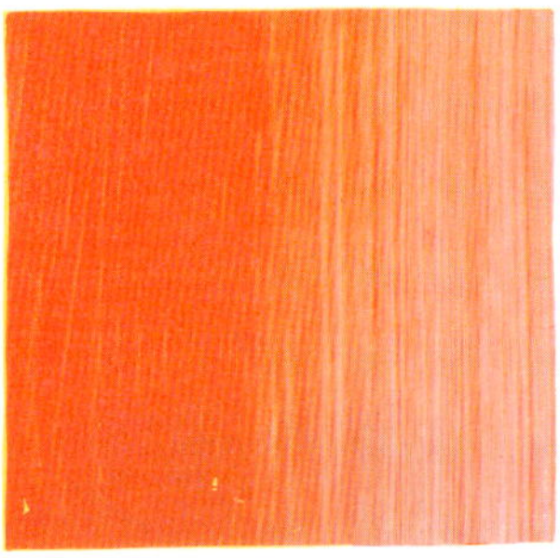

Kadmiumrot mittel

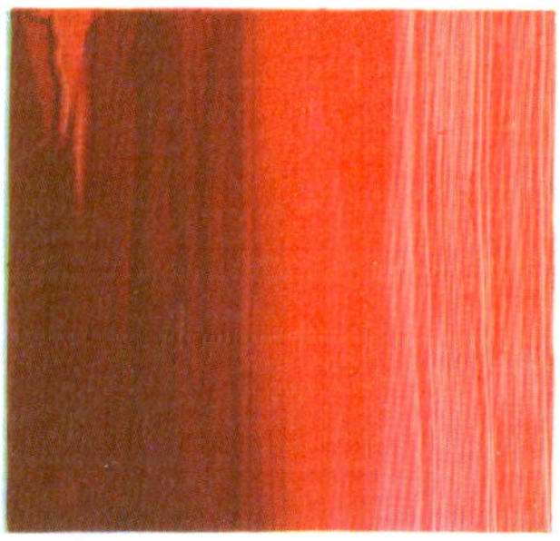

*Krappkarmin dunkel

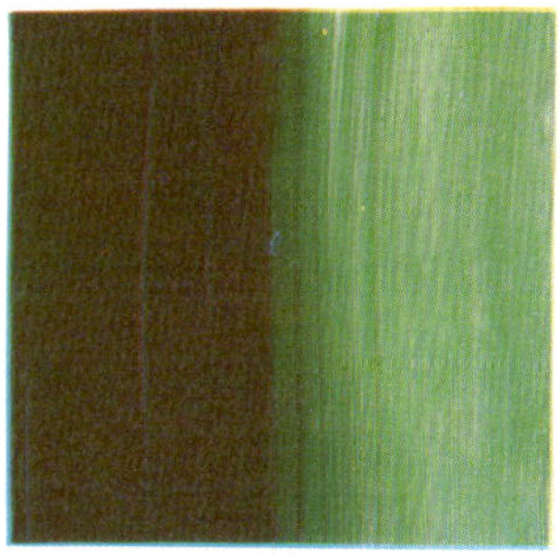

*Smaragdgrün

Kobaltblau dunkel

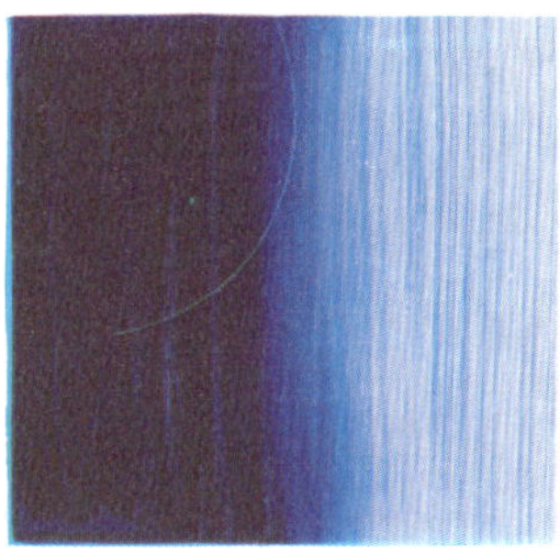

*Ultramarin

*Titanblau

Zu dieser Aufstellung kommt noch Titanweiß

Schweinsborstenpinsel für die Arbeit mit Ölfarben (von links nach rechts: mit rundem, von einem Faden umwickelten Haarkörper, um die Spitze in Form zu halten; mit flachem Haarkörper sowie mit Haarkörper in der sogenannten Katzenzungenfaçon).

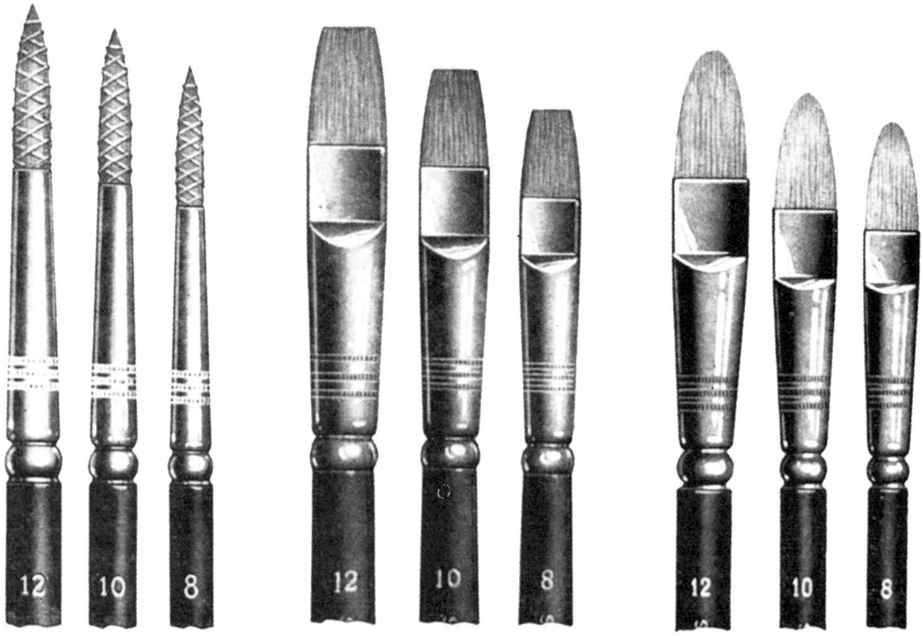

Hier sechs Spachtelmodelle, die normalerweise bei der Ölmalerei benutzt werden. Die Spachteln 2 und 5 besitzen die charakteristische Form einer Maurerkelle. Man verwendet sie für die sogenannte Spachteltechnik.

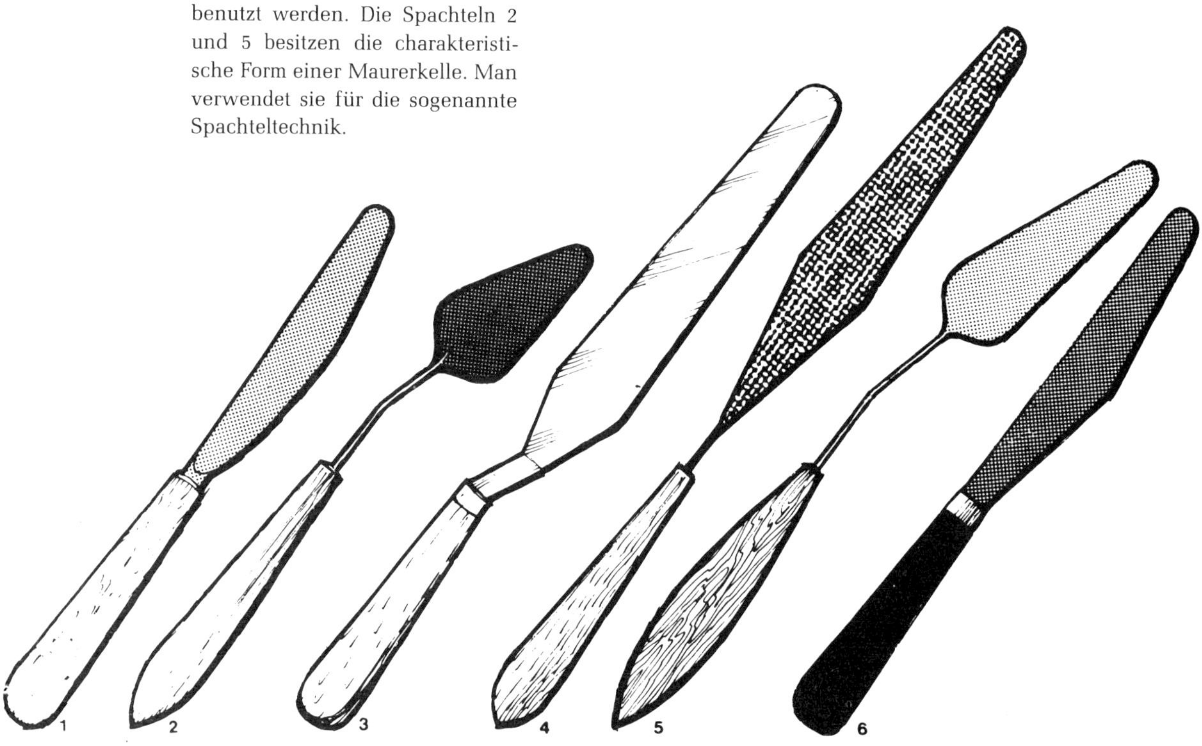

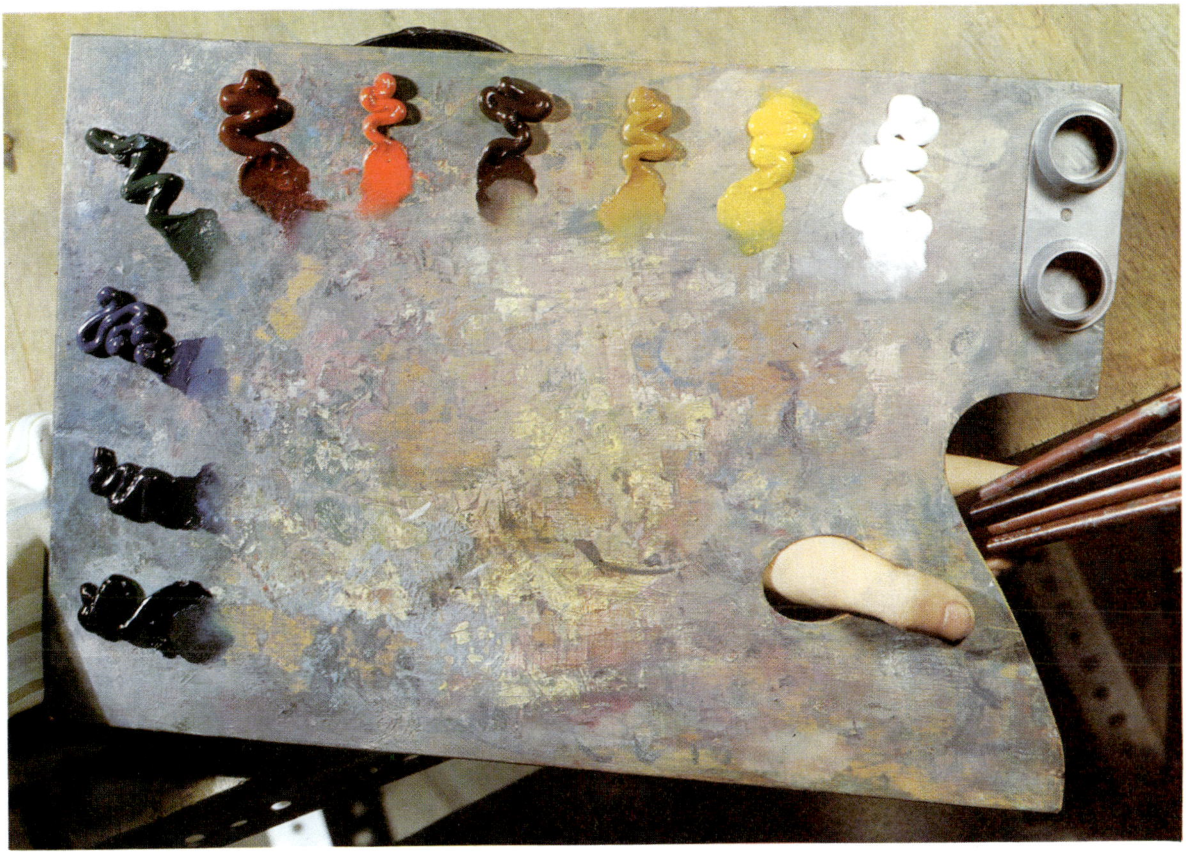

Abb. 95

Zum Mischen und Komponieren der Farben benötigt man eine Palette, die sowohl rechteckig als auch oval sein kann. Die klassischen Paletten sind aus Holz. Die Verteilung der Farben auf der Palette ist von einer gewissen Bedeutung. Man sollte immer dieselbe Reihenfolge einhalten. Auf diese Weise kennt man die jeweilige Lage und kann rascher und fehlerloser arbeiten. Abbildung 95 zeigt, wie die auf Seite 67 mit einem Sternchen versehenen wichtigsten Farben einschließlich Titanweiß angeordnet werden sollten.

Mit Ölfarbe malt man normalerweise auf Leinwand oder einem zuvor mit Schlämmkreide, Leinöl und Lack vorbereiteten Leinentuch. (Auch graue sowie mit Siena getönte Leinwand ist im Fachhandel erhältlich.) Die Leinwand ist in einen standardisierten Keilrahmen gespannt, dessen Maße einer internationalen Tabelle entsprechen. Die Rahmen sind von 1 bis 120 durchnummeriert und werden in drei Formaten, nämlich Gestalt, Landschaft und Seestück angeboten. Das rechteckige Format „Gestalt" ähnelt etwas mehr einem Quadrat als der Rahmen für das „Seestück", der länglichere Proportionen besitzt. Wie wir noch sehen werden, führt man Porträts und Selbstporträts im allgemeinen im Format „Gestalt" aus. Dafür gibt es jedoch keine verbindliche Regel.

Außer auf der Leinwand kann man mit Ölfarben auch auf zuvor vorbereiteter Pappe und auf Holz sowie auf Zeichenpapier arbeiten (zum Beispiel von Canson).

Die Pinsel können bei der Ölmalerei durch Spachtel ersetzt werden. Bei diesen Spachteln handelt es sich um leichte, biegsame Messer aus Eisen, mit denen sich die Farbe wie mit einem Pinsel aufnehmen und verteilen läßt. Natürlich führt diese Malweise zu einem ganz speziellen Erscheinungsbild und Stil, der sich allerdings nur wenig für ein Porträt oder Selbstporträt eignet.

Abgesehen von den üblichen Utensilien, wie Staffelei, Malkasten und einen Beistelltisch, benötigt man für die Ölmalerei einige saubere Tücher oder Papiertücher.

Es gibt in der Ölmalerei mehrere Techniken, die sich hinsichtlich der Schnelligkeit ihrer Ausführung erheblich unterscheiden. Diese Techniken lassen sich in zwei Kategorien unterteilen: Die sogenannte Schichtenmalerei und die direkte Malweise, auch Primamalerei genannt.

Die Technik der Schichtenmalerei

Kennzeichen dieser Malerei ist, daß das Bild in mehreren Sitzungen angefertigt wird und die Farbe jeweils halb- oder völlig trocken ist, bevor man weitermalt. Aufbau und Farbmischungen werden bis zur Perfektion durchgearbeitet. Dies ist die Technik der großen alten Meister, zum Beispiel auch die von Ingres (ohne daß die Schichtenmalerei zwangsläufig zu einem formellen, präzisen und bis ins Detail ausgefeilten Endergebnis führen muß). Die Anfertigung des Bildes erfolgt schrittweise und in aller Ruhe nach einem vorherigen Aufbau oder einer ausgearbeiteten Vorzeichnung. Im ersten Stadium malt man ganz nüchtern mit der dominierenden Farbe, häufig – ja meistens – mit einer einzigen, zum Beispiel Siena oder einem Graugrün etc., mit der der Künstler das Bild zunächst aufbaut und zur Geltung bringt. Anschließend folgen mehrere Arbeitssitzungen. Eine Schicht wird über die andere gelegt und bereichert Form und Farbe. Während der letzten Sitzungen kann man dann noch einige Lasuren darüberlegen, also eine äußerst transparente Ölfarbe benutzen, die die ursprüngliche Farbe modifiziert oder intensiviert.

Nach der dritten oder vierten Sitzung erreichen die während der ersten Etappen aufgetragenen Farben ein halbtrockenes Stadium mit jenem typischen „Biß“, der es dem Künstler ermöglicht, einen wie abgerieben wirkenden durchscheinenden Farbauftrag zu erreichen, der dem Werk Spontaneität und strukturellen Reichtum verleiht. Manche Künstler benutzen diese letzte oder vorletzte Etappe auch, um gewisse Stellen ihres Bildes in der Technik der direkten Malerei anzulegen.

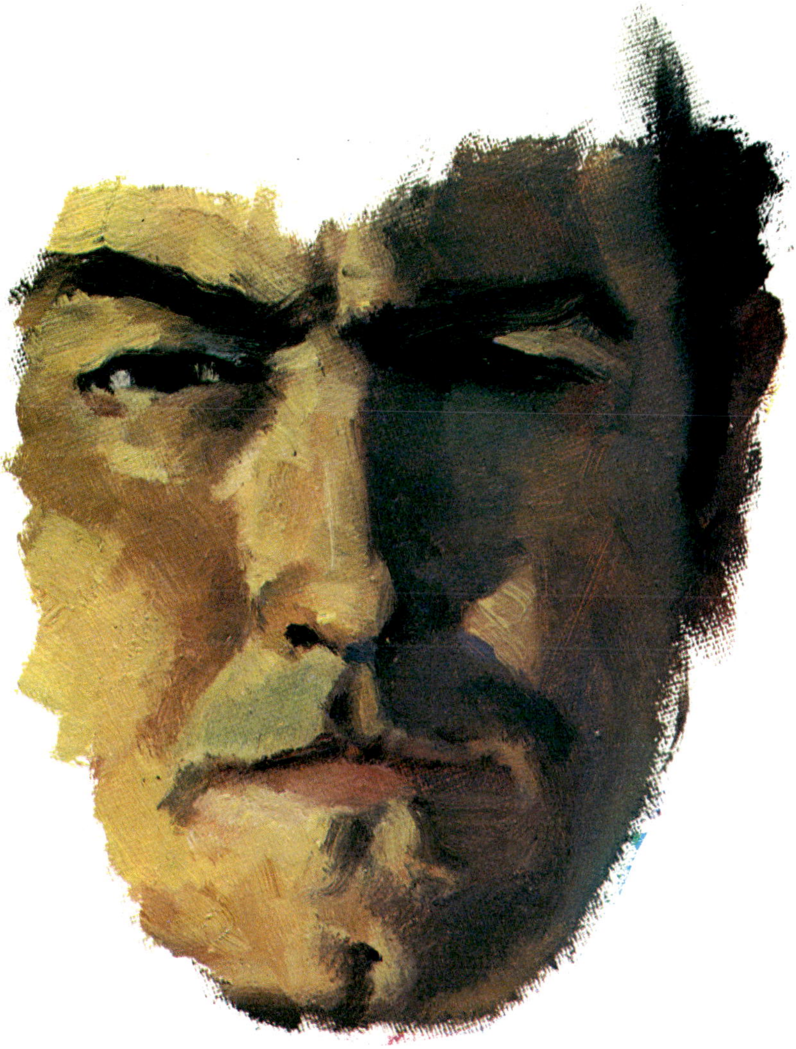

Abb. 96

Die Primatechnik

Dieses Malverfahren ist erheblich anspruchsvoller als die Schichtenmalerei. Der Künstler muß hier sein Endergebnis von vornherein im Kopf haben. Er muß die Zeichnung, das Volumen und die Farben im voraus bestimmen und, um einen Ausspruch Cézannes aufzugreifen, „alles in einem Zustand der Erregung erledigen“. Abgesehen von der Sorge, den Leiden, der Ungewißheit und der Erregung während der Herstellung des Bildes erlebt der Künstler bei der Primamalerei den Schöpfungsakt intensiv mit; er malt spontan und „mit großen Pinselstrichen". Man verzichtet auf Details und Manieriertheit und gelangt – zumindest zum Teil – mit dieser Methode zu einer dynamischen, modernen und aktuellen Malweise.

Hier fünf Ratschläge oder Grundregeln zur Arbeit in der Primatechnik:

– Tauchen Sie einen Pinsel in einer je nach der Dominanten stark verdünnten grauen, graublauen oder sienagetönten Farbe, und deuten Sie alle dunklen Zonen an.

– Malen Sie zunächst die wichtigsten Stellen mit einer ganz leichten, stark mit Terpentin verdünnten Farbe. Tragen Sie die Schicht wie einen Film auf, damit Sie das Weiß der Leinwand eliminieren und einen annähernden Ton erhalten.

– Präzisieren Sie die Farbe der großen Flächen, die keine Detailarbeit erfordern, nun mit einer mehr oder weniger dicken Schicht.

– Malen Sie das übrige, und zwar mit jeder Farbe einzeln, um die Probleme des Volumens zunächst einmal durch aufeinanderfolgende Flächen und dann durch Mischung der nebeneinanderliegenden Farben zu lösen.

– Erledigen Sie die letzten kleinen Einzelheiten mit einem Rotmarderpinsel und mit Leinöl und ein wenig Terpentin verdünnter Farbe.

Die Primamalerei ist keine bequeme Technik. Sie erfordert viel Arbeit, wenn man ein befriedigendes Ergebnis erzielen will.

Notfalls kann man bei der direkten Malweise sogar auf eine Vorzeichnung oder Vorstudie verzichten und unmittelbar mit der Farbe auf der weißen Leinwand malen. Der erste und beinahe einzige Pinselstrich ergibt dann gleichzeitig die Zeichnung, die Form, das Volumen und die Farbe.

Betrachten Sie als Beispiel auf Abbildung 97 den Ausschnitt eines Porträts, das in dieser Technik hergestellt wurde. Sie stellen fest, daß die Farbschicht an den beleuchteten Stellen oder für die hellen Farben dichter ist, denn sie muß ja deckend sein und das Endstadium erreichen. Für die dunklen und abgeschatteten Zonen muß man die Farben dagegen in dünnen Schichten auftragen, um anschließend, falls nötig, noch einmal mit einem helleren Ton darübergehen zu können.

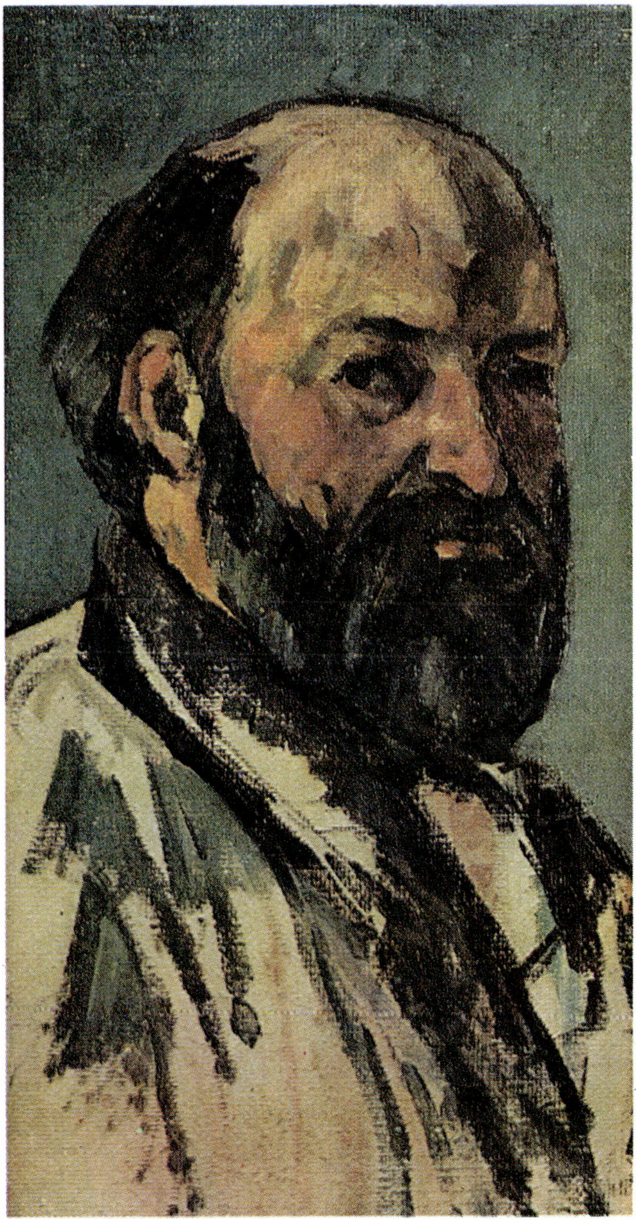

Abb. 97

Cézannes Selbstporträt (oben) ist ein Beispiel für die Technik der Primamalerei. Dieses Selbstporträt hat der Künstler, ohne sich um die Ähnlichkeit zu kümmern, unmittelbar gemalt. Trotzdem ähnelt es ihm!

Zweifellos handelt es sich um eine schwierige Technik. Sie ist jedoch anwendbar, wenn Sie sich die Mühe machen, zuvor vor dem Spiegel mehrere Studien mit Bleistift, Zeichenkohle oder Rötelkreide anzufertigen sowie eine Farbskizze herzustellen.

Die Fleischfarben und die Harmonisierung der Farben

Die Harmonisierung der Farben erfolgt im Prinzip durch die Natur. Die Lichtquelle, die das Modell beleuchtet, zwingt zur Benutzung einer bestimmten Farbskala. Malen Sie zum Beispiel um elf Uhr morgens, wenn die Sonne hoch am Himmel steht, in einem Atelier mit weißen Wänden, sind die Farben generell blaustichig. Um vier Uhr nachmittags haben die Farben im selben Atelier, wenn die Sonne durchs Fenster hereinfällt, dagegen einen Orangestich.

Die Harmonisierung der Farben ergibt sich durch die Übereinstimmung der Farben untereinander. Um zu dieser Übereinstimmung zu gelangen, arbeitet der Künstler mit unterschiedlichen Farbskalen. Der Ausdruck „Farbskala" beschreibt eine Folge perfekt geordneter Farben. Diese Folge oder Skala wird am vollendetsten durch die Zerlegung des Lichtes im Sonnenspektrum erreicht. Aufgrund dieses Sepktrums, das wir als chromatischen Kreis auf Seite 61 und hier auf den Abbildungen 98 und 99 wiedergeben, können wir zwei grundsätzliche Farbskalen bestimmen und untersuchen.

Die thermische Farbskala

Die beiden zuvor genannten Beispiele mit der hoch- und der niedrigstehenden Sonne beziehen sich auf die Temperatur des Raumlichtes. Daraus folgt, daß es sowohl kalte als auch warme Farben gibt. Wir müssen unseren chromatischen Kreis daher in zwei Farbskalen einteilen.

Harmonieskala der kalten Farben

Hierbei handelt es sich im wesentlichen um die Farben Hellgrün, Grün, Smaragdgrün, Zyanblau, Ultramarin, Dunkelblau und Violett.

Harmonieskala der warmen Farben

Hierbei handelt es sich im wesentlichen um die Farben Violett, Pupur, Karmin, Rot, Orange, Gelb und Hellgrün.

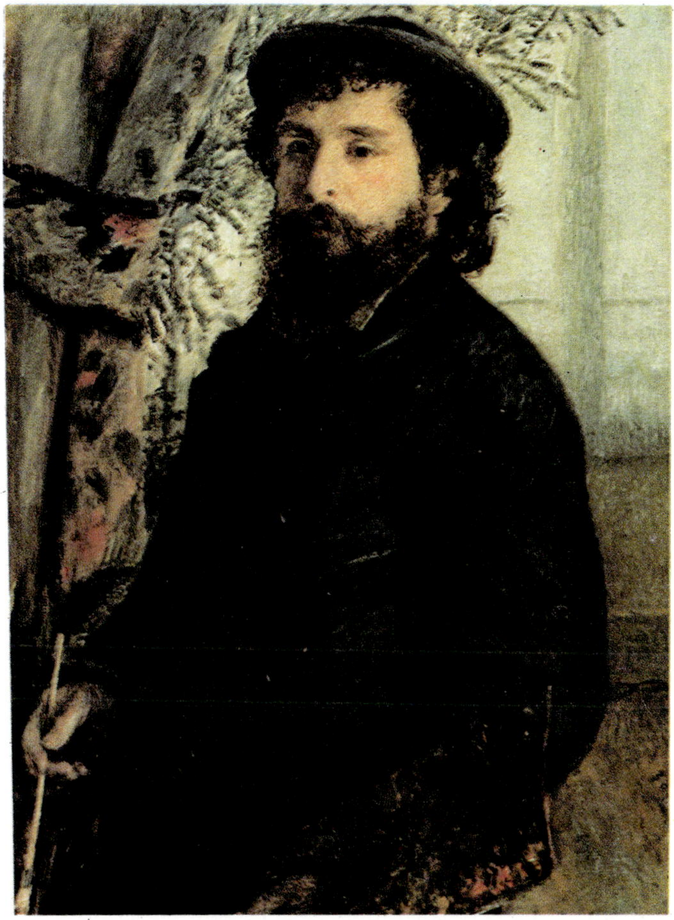

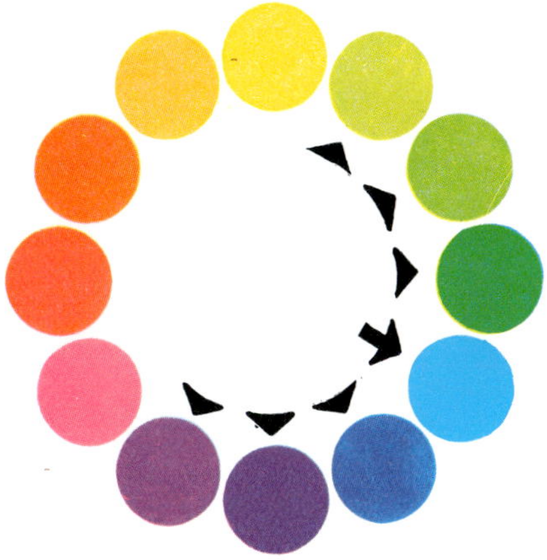

Abbildung 98: Selbstporträt von Claude Monet in einer kalten Farbskala mit Blau- und Grünstich.

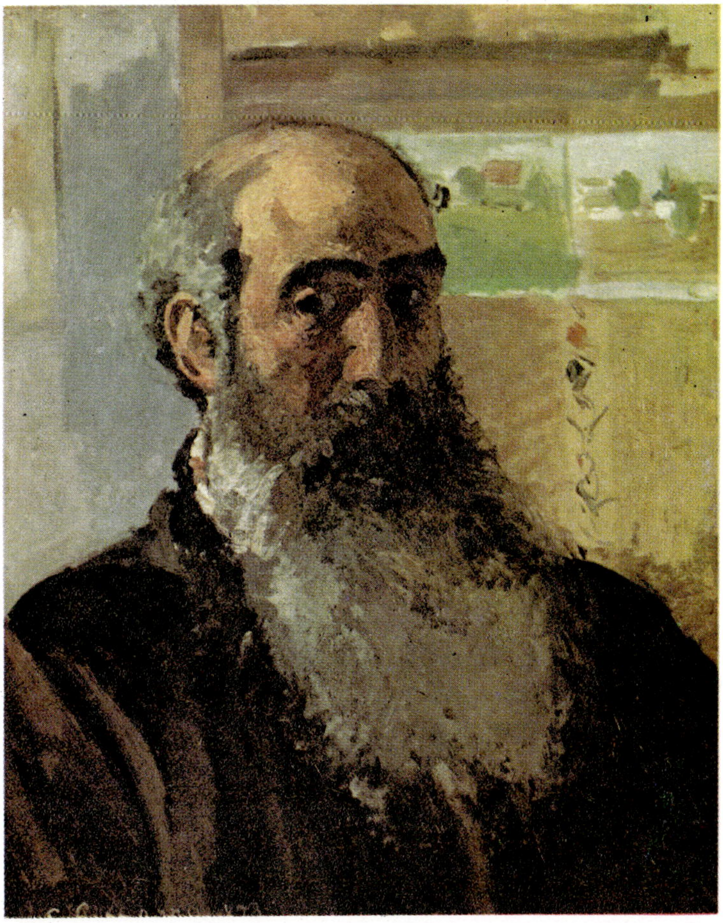

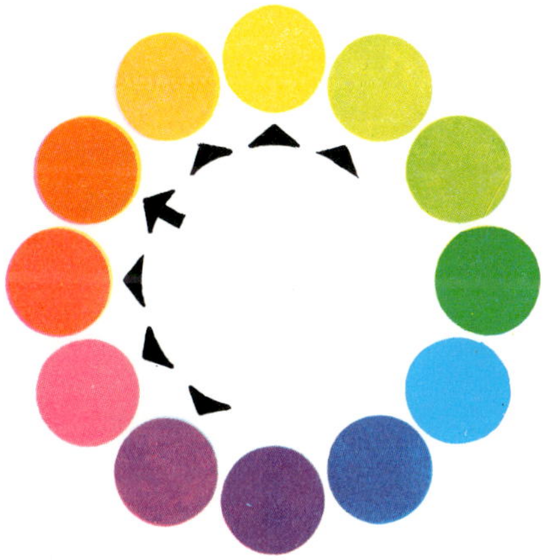

Abbildung 99: Camille Pissarro gibt uns mit seinem Selbstporträt ein Beispiel für die Harmonisierung in einer warmen Farbskala mit den Dominanten Rot, Karmin und Orange.

Diese Theorie läßt sich natürlich auch auf die Fleischfarben anwenden, wie wir anschließend in der Praxis sehen werden.

Die kalten Fleischfarben (Abbildung 100)

Fleischfarben mit einer Dominante aus Gelb, Ocker, Siena, Blau und Grau gehören zu den kalten Farben, wobei Gelb eindeutig das Übergewicht besitzt. Beachten Sie, daß Gelb beinahe in allen Farbmischungen aus Ocker, Karmin, Grün und Blau auftaucht. Wir wollen jetzt einige Farbbeispiele untersuchen, die ich selbst für diese Studie ausgewählt habe, und analysieren, welche Farben ich in welchem Verhältnis zueinander gemischt habe, um die entsprechende Nuance zu erzielen.

1. Stark leuchtende Fleischfarbe: Mischung aus Weiß, Kadmiumgelb citron sowie einer Spur Ocker und Smaragdgrün.

2. Leuchtende Fleischfarbe: Dieselben Farben wie zuvor mit ein wenig Ocker sowie einer Spur Karmin und Smaragdgrün. Der Weißanteil ist natürlich geringer.

3. und 4. Mittlere Fleischfarben zwischen Licht und Schatten: Fügen Sie zur Farbe Nr. 2 ein wenig Karmin und Smaragdgrün hinzu. Erhöhen Sie den Gelbanteil, erhalten Sie den dritten Ton. Zur Abschattung der dritten Tones genügt es, die Anteile von Karmin und Smaragdgrün sowie Weiß zu erhöhen. (Weiß stumpft die Farben stets ab!)

5. Der Glanz der Lippen entsteht durch mitteldunkle Töne aus Karmin und Weiß, denen man eine Spur Ocker und Spitze Kobaltblau und Smaragdgrün hinzufügt.

6. Nasenlöcher, Mundwinkel, tiefe Schatten: Die Farbe besteht im wesentlichen aus reinem Karmin, dem man gegebenenfalls einen Hauch von Smaragdgrün hinzufügt.

7. Augenbrauen und tiefschwarzes Haar: Die vorige Farbe mit einem hohen Anteil Smaragdgrün, zu der man Preußischblau oder Umbra gebrannt hinzugibt, je nachdem, ob das Schwarz mehr oder weniger kalt ausfallen soll.

8. Lichtreflexe auf den Schatten: Sie bestehen im wesentlichen aus Weiß und Kobaltblau, die durch ein wenig Ocker, sowie eine Spitze Karmin und Umbra gebrannt abgestumpft werden.

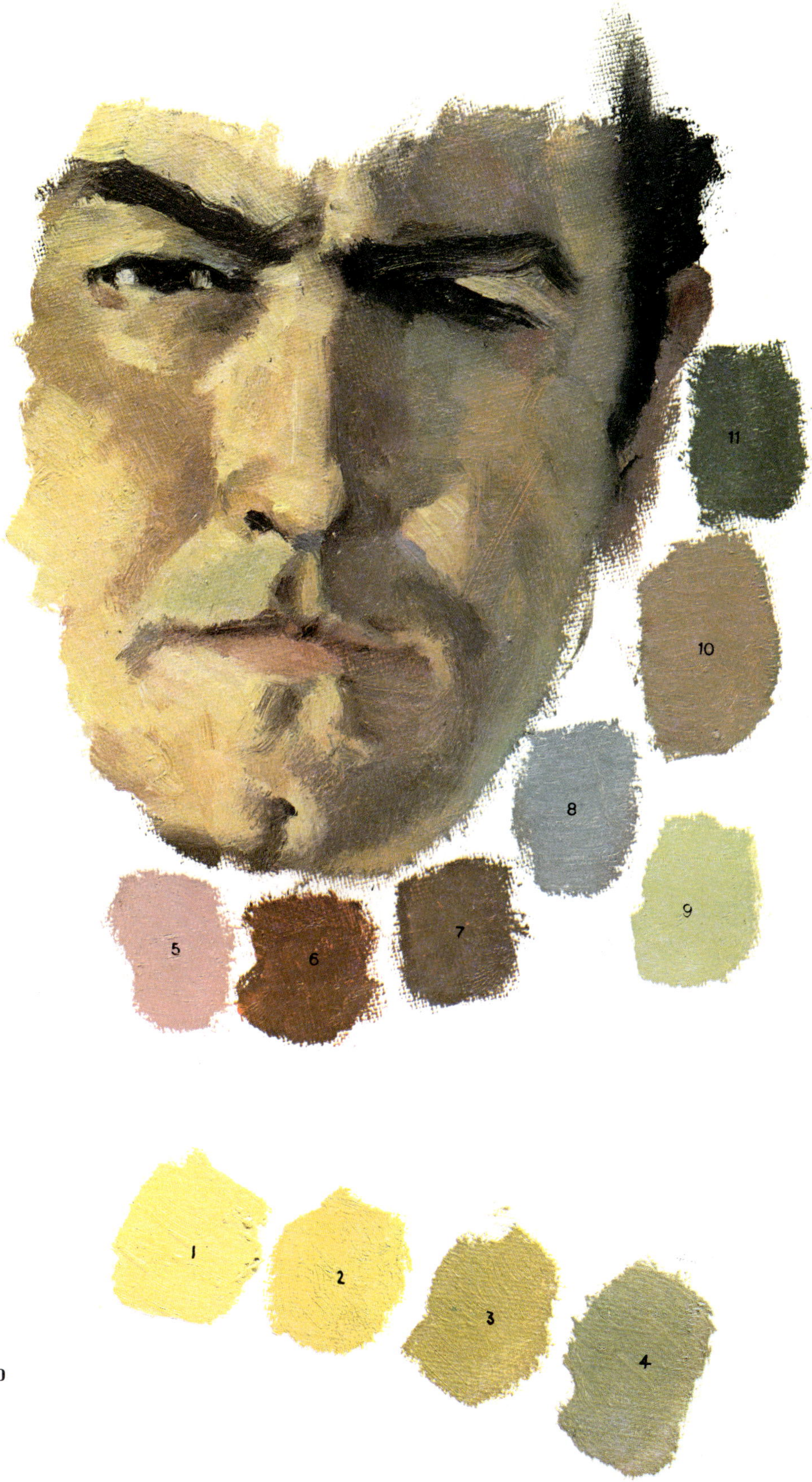

Abb. 100

9. Zwischentöne (Bartregion) und Wurfschatten: Grünton, verstärkt durch Gelb, Ocker und Smaragdgrün sowie weiteres Weiß.

10. Allgemeine Farben der Schattenzonen: Kadmiumgelb, Ocker, Smaragdgrün, Karmin und Weiß (zum Abstumpfen).

11. Nuancen der Schatten: Vorwiegend aus Smaragdgrün, einer Spur Karmin und etwas Weiß.

Die warmen Fleischfarben (Abbildung 101)

Hier nun ein weiteres Beispiel für die Fleischfarben, das ebenfalls in der Primatechnik ohne Vorzeichnung, diesmal mit der Skala der warmen Farben, angefertigt wurde. Dominierende Farbe ist das Orange mit spürbaren Nuancen in Rosa und Karmin. Folgende Mischungen sind in diesem Beispiel enthalten:

1. Fleischfarbe bei intensiver Beleuchtung: Weiß, Hellzinnober (oder Kadmiumrot hell) und Kadmiumgelb citron.

2. Rotstichig beleuchtete Stellen. Hierbei handelt es sich um eine der wichtigsten Farben dieser Studie, die in den meisten Mischungen der Nuancen für die beleuchteten Partien enthalten ist, nämlich in den Blau- , Karmin- und Ockertönen. Man erhält sie, indem man der Farbe Nr. 1 ein wenig Zinnober hinzufügt.

3. Zonen zwischen Licht und Schatten: Benutzen Sie die Farbe Nr. 2, und fügen Sie ein wenig Kobaltblau und Karmin hinzu.

4. Zwischenzonen in Graublau (Bartregion): Mischung aus Weiß, Preußischblau, etwas Gelb und einer Spur Karmin.

5. Blaue Reflexe in den Schatten: Dieselbe Mischung wie zuvor plus Preußischblau und etwas Karmin.

6. und 7. Grundfarbe der Schatten: Mischung aus Zinnober, Ocker, etwas Gelb und einer Spur Preußischblau mit Weiß. Der Ton Nr. 7 enthält ein wenig mehr Preußischblau und Karmin und etwas weniger Weiß.

8. Schatten und karminstichige dunkle Striche: Hier handelt es sich um die Farbe Karmin, die leicht smaragdgrün abgeschattet wurde. Man benötigt sie für ganz bestimmte Stellen, so für den Strich, der den seitlichen Schatten der Nase angibt, die Nasenlöcher, die Teilungslinie des Mundes etc.

9. Dunkelste Stelle des Gesichtes: Hier handelt es sich um ein Schwarz aus Karmin, Umbra gebrannt und Preußischblau (dem man noch Smaragdgrün

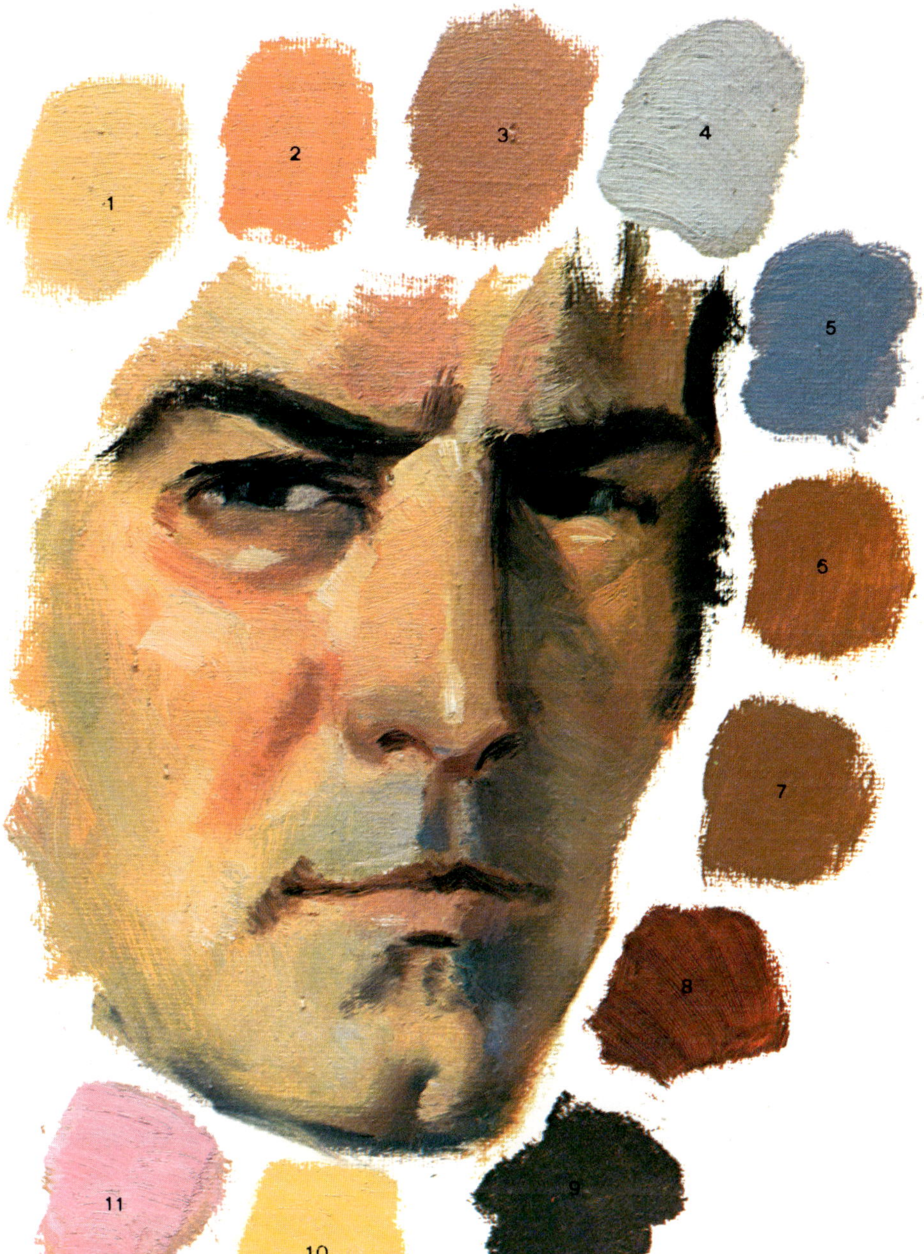

Abb. 101

hinzufügen kann), also ein warmes Schwarz, bei dem Karmin überwiegt und das man zum Malen der dunkelsten Stellen, wie Augenbrauen, Augen, Haar etc. benötigt.

10. Die hellsten Zonen der Fleischfarben: Dazu benötigt man einen Ton ähnlich der Farbe Nr. 1, jedoch mit einem größeren Anteil Gelb und etwas weniger Zinnober.

11. Vorherrschende Farben in den rötlichen beleuchteten Zonen: Sie besteht im wesentliche aus Weiß und Karmin sowie ein wenig von der Farbe Nr. 10. Es handelt sich nicht um eine bestimmte Farbe, die man unmittelbar aufträgt, sondern um einen Ton, mit dessen Hilfe die unterschiedlichen Nuancen der beleuchteten Stellen – und hier insbesondere der rotstichigen – komponiert werden können.

Nehmen Sie jetzt Ihre Palette, Ihre Ölfarben und Ihre Pinsel. Setzen Sie sich vor den Spiegel und fertigen Sie eine Studie Ihres Gesichtes an. Halten Sie sich dabei an die bisher behandelten Regeln. Wählen sie eine Farbskala und eine Dominante. Malen Sie ohne Vorzeichnung und wenden Sie Ihre Kenntnisse in der Primatechnik an . . . Versuchen Sie es. Machen Sie diesen letzten Versuch, bevor Sie Ihr Selbstporträt in Öl beginnen.

Die Lektion der großen Meister

Erfahren Sie, was Sie tun können, indem Sie schauen, wie es die Meister hielten

Bevor Sie Ihr eigenes Selbstporträt in Angriff nehmen, möchten Sie sicher wissen, wie die berühmten Maler, wie Velasquez, Rembrandt, Ingres, Cézanne, Matisse und Picasso (um nur einige zu nennen) dieses Thema behandelten – wie sie malten, in welcher Größe und welchem Format, welche Pose und welchen Gesichtswinkel sie wählten, ob sie ein Ganzbild oder nur den Kopf darstellten und in welcher Weise Sie die Probleme der Komposition, des Hintergrunds und der Kleidung lösten.

Auf den folgenden Seiten finden Sie eine Reihe ausgewählter Selbstporträts, die ich nach ihrer Pose und dem Grad ihrer Vergleichbarkeit ausgesucht habe: Zunächst eine Serie moderner, origineller und selbst extravanter Selbstporträts von Cézanne, anhand derer wir den Unterschied und die Ähnlichkeit bei ein und demselben Künstler untersuchen können; anschließend eine repräsentative Serie des schöpferischen Genies Picasso.

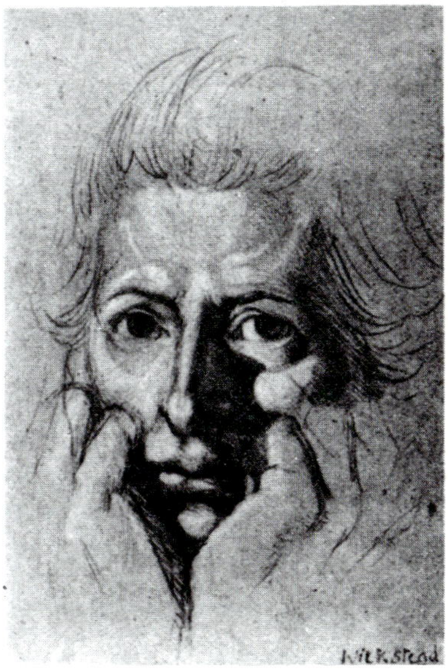

Abbildung 102: Henry Fuseli: Selbstporträt.

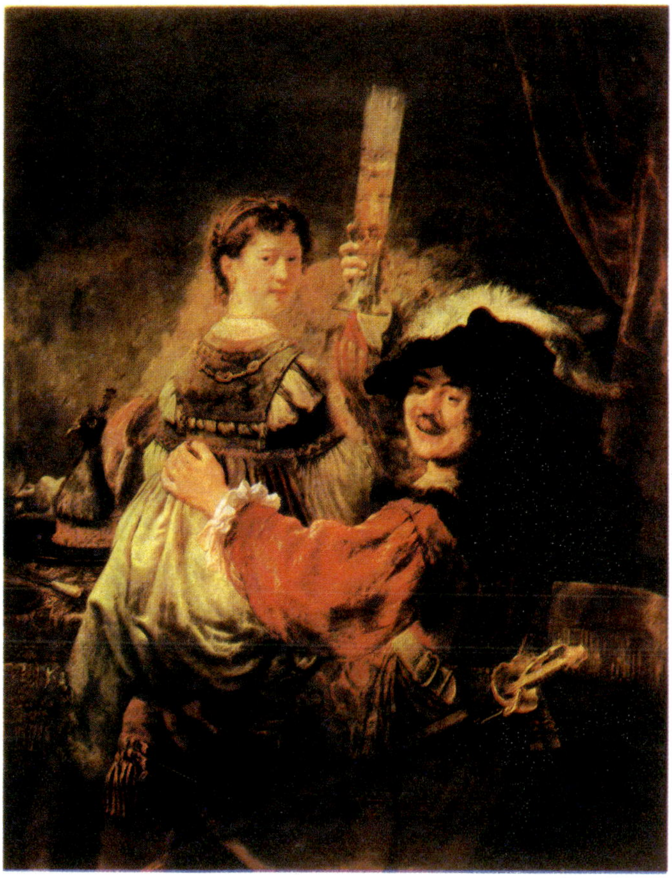

Abbildung 103: Rembrandt: Selbstporträt mit Ehefrau Saskia.

Ein Thema, das zahlreiche Möglichkeiten bietet

Die erste Schlußfolgerung, zu der ich nach dem Studium von mehr als 300 Selbstporträts gekommen bin, lautet, daß das Thema, das wir hier behandeln, unendlich viele Interpretationen zuläßt: von der Zeichnung mit Zeichenkohle und einigen Strichen mit weißer Kreide auf farbigem Papier nicht größer als eine Seite dieses Buches und nur mit dem Gesicht des Künstlers, das zum Teil von seinen Händen verdeckt wird (wie dies bei dem auf Abbildung 102 reproduzierten, um 1770 von dem Züricher Künstler Henry Fuseli gezeichnete Porträt der Fall ist) bis zur Ölmalerei mit den respektablen Maßen von 1,61 m × 1,31 m von Rembrandt, eine Ganzbild, das ihn mit seiner Ehefrau auf den Knien zeigt (Abb. 103).

Abgesehen von den unterschiedlichsten Verfahren habe ich Selbstporträts auf Elfenbein, mit der Feder gezeichnet, mit Buntstift, mit Pastellkreide (darunter das sehr bekannte von Quentin de La Tour), in der Spachteltechnik und als Linolschnitt gefunden. Es war und ist noch heute ein ungeheures Vergnügen, originelle Selbstporträts aufzutreiben. Manche Künstler haben ihr Selbstporträt als vollendete Werke geschaffen, die in Museen hängen (siehe Seite 83, Abb. 105, das Selbstporträt von Manet in Öl); andere haben sich damit begnügt, das Thema als rasche Skizze aus einigen Strichen mit Chinatusche zu behandeln (Abb. 104, Rembrandts Selbstporträt).

Sie sehen selbst, es gibt praktisch unendlich viele Möglichkeiten. Wir werden die bemerkenswertesten anhand der auf den folgenden Seiten abgebildeten Werke untersuchen.

Kopf, Büste, Oberkörper, Ganzbild

Sie können nur den Kopf zeichnen oder malen, wie das Beispiel von Abbildung 106 des südamerikanischen Künstlers Torres Garcia zeigt, oder wie Rembrandt und Manet ein Ganzbild anfertigten (Abb. 104 und 105). Letztere sind jedoch zwei Ausnahmen. Besonders die heutigen Künstler stellen nur den Kopf und einen Teil des Brustkorbs dar. Das Malen eines Selbstporträts als Ganzbild ist nur zu rechtfertigen, wenn der Künstler ein Modell im Hinblick auf ein anderes Bild untersuchen möchte (Proportionen, Maße, Pose etc.).

Nebenbei gesagt, ein Werk wie das Selbstporträt von Manet ist schwierig herzustellen, denn der Künstler muß einerseits nach seinem Spiegelbild und andererseits aus dem Gedächtnis malen. Oft arbeitet und malt er auch mit einem fremden Modell, um die Probleme des Aufbaus, der Arme, der Hände, der Beine und der Füße zu lösen. Manet war ein erfahrener Zeichner und ein hervorragender Maler. Man ist sicher, daß er mehrere Studien und Skizzen anfertigte (wie Rembrandt auf Abbildung 104), bevor er dieses außergewöhnliche Selbstporträt malte.

Klassische Selbstporträts (Seite 84 und 85)

Bei allen Werken handelt es sich hinsichtlich der Pose, der Beleuchtung, des Formats und der Komposition um außergewöhnliche Selbstporträts.

Die Komposition

Beachten Sie, daß alle diese Selbstporträts nur den Kopf mit einem Teil des Oberkörpers zeigen. Dadurch bildet das Gesicht zweifellos das Interessenzentrum. Handelt es sich um eine Dreiviertelansicht, ist der Raum vor dem Kopf größer, als der dahinter.

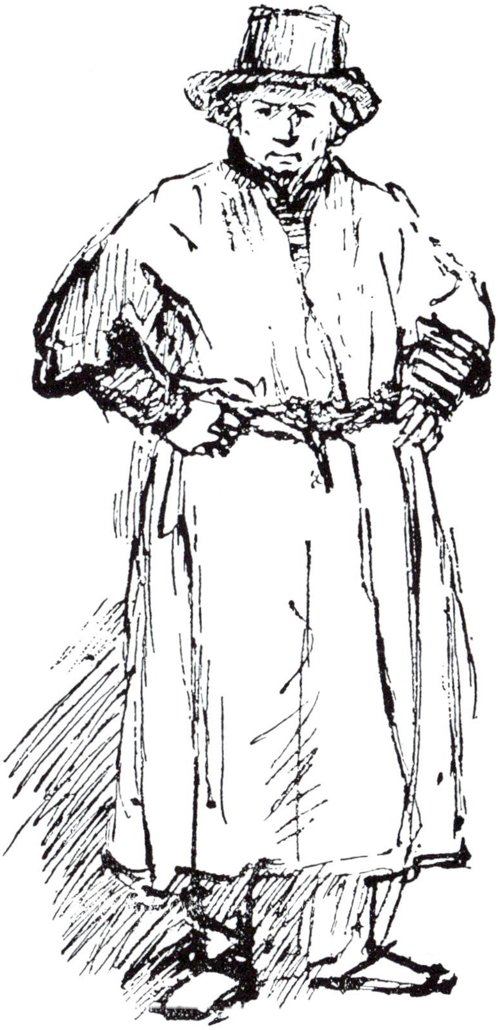

Abbildung 104: Rembrandt: Selbstporträt mit der Feder.

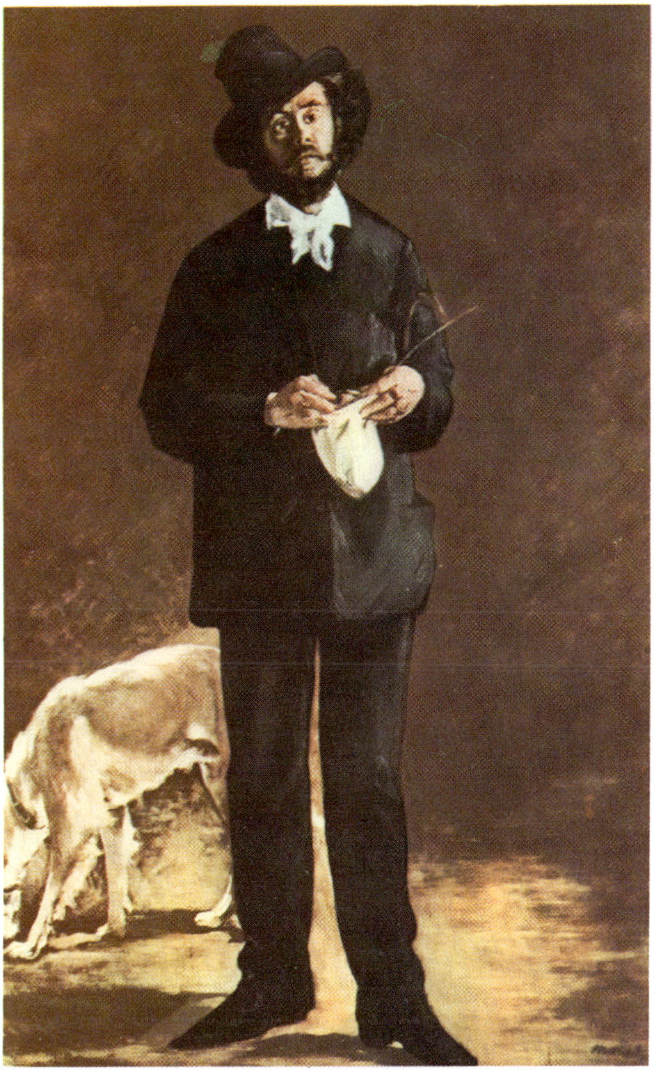

Abbildung 105: Eduard Manet: Selbstporträt.

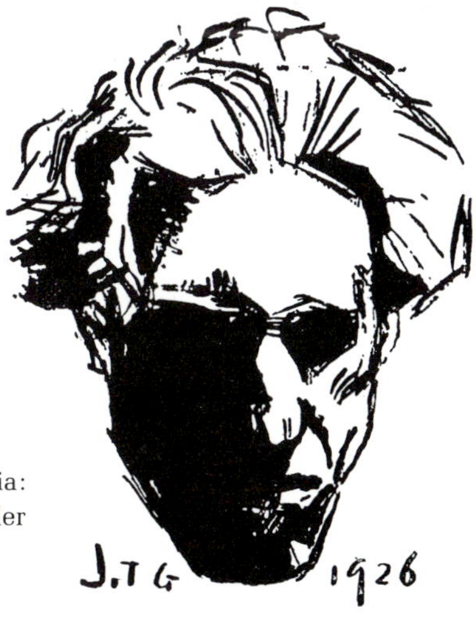

Abbildung 106: Torres Garcia: Selbstporträt (gezeichnet mit der Feder).

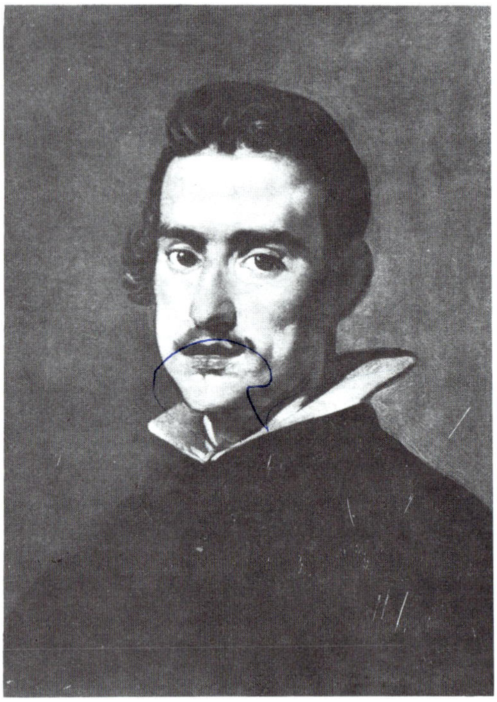

Abbildung 107: Velasquez: Selbstporträt.

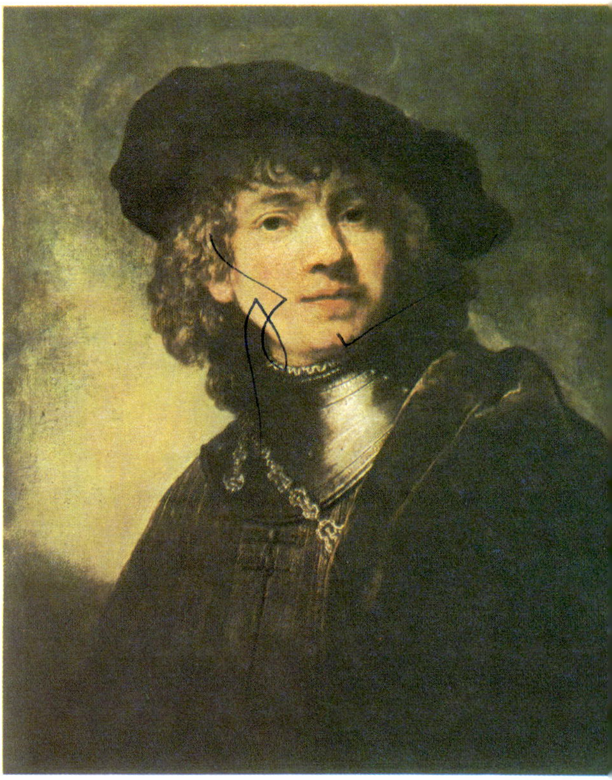

Abbildung 108: Rembrandt: Jugendbildnis.

Die Pose

Beachten Sie, daß der Kopf geradegehalten wird, während der Körper eine andere Richtung einnimmt und damit die von Ingres formulierte klassische Regel bestätigt, nach der „der Körper der Bewegung des Kopfes nicht folgen darf".

Abgesehen von seltenen Ausnahmen, wird diese Regel bei der Mehrzahl der Porträts und Selbstporträts befolgt. Berücksichtigen Sie diesen Grundsatz ebenfalls.

Die Beleuchtung

Das Selbstporträt von Velasquez (Abbildung 107) zeigt die klassischste Form, denn es wird aus einem Winkel von 45 Grad beleuchtet. Derart einfallendes Licht gilt als das „dokumentarischste" und dasjenige, das die Formen und Volumen eines Körpers am besten herausholt.

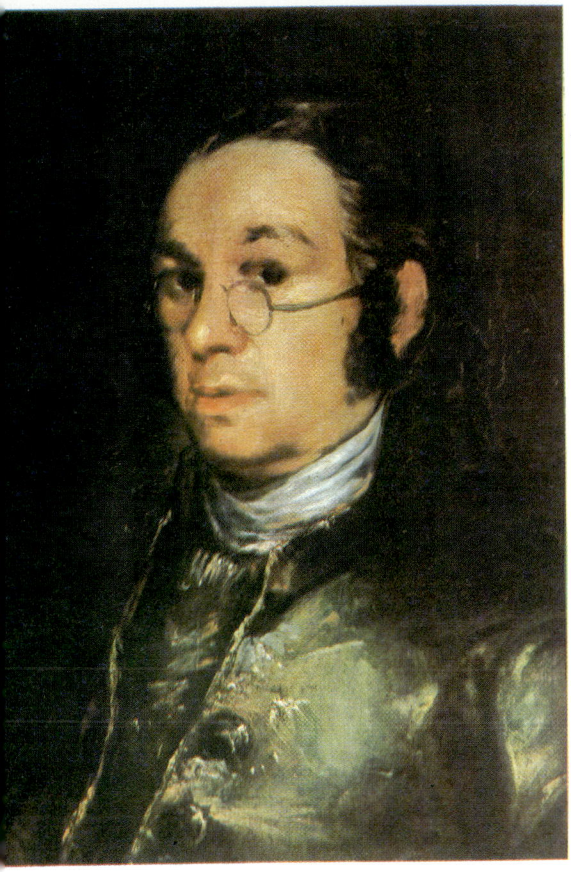

Abbildung 109: Goya: Selbstporträt.

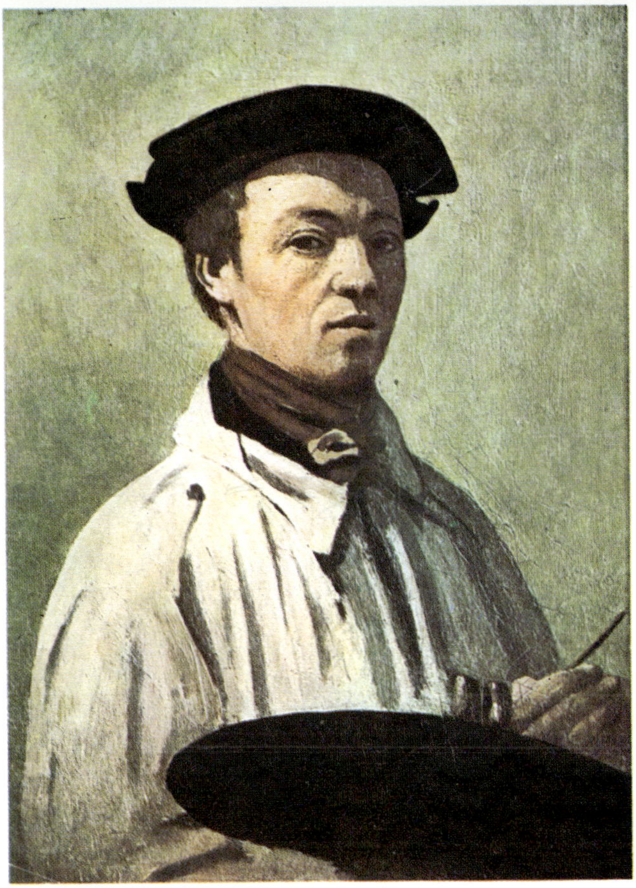

Abbildung 110: Corot: Selbstporträt.

Abbildung 111: Ingres: Selbstporträt.

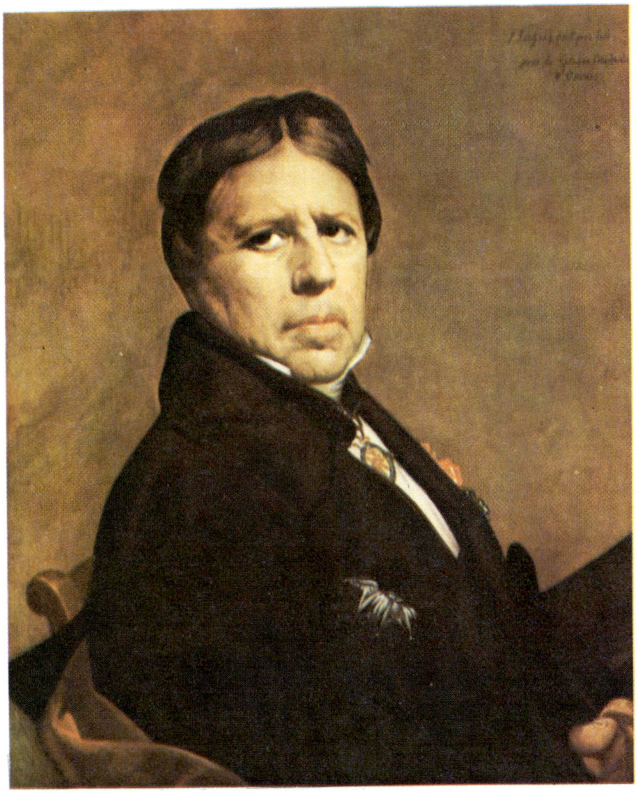

Rembrandt und Ingres wählten dieselbe Beleuchtung, jedoch weniger ausgeprägt. Goya riskierte eine Frontalbeleuchtung und suchte zweifellos eine Möglichkeit, das Volumen und die Tiefe ausschließlich mit der Farbe wiederzugeben und fast gar nicht mit Licht und Schatten zu spielen. Damit nahm er die Theorien der Impressionisten ein Jahrhundert zuvor vorweg. Corots Beleuchtung ist origineller, „nicht so berechnet und geordnet" und entspricht der Epoche, in der lebte, nämlich zu Beginn des Impressionismus. Corot malte die Schatten bereits mit leuchtenden Farben.

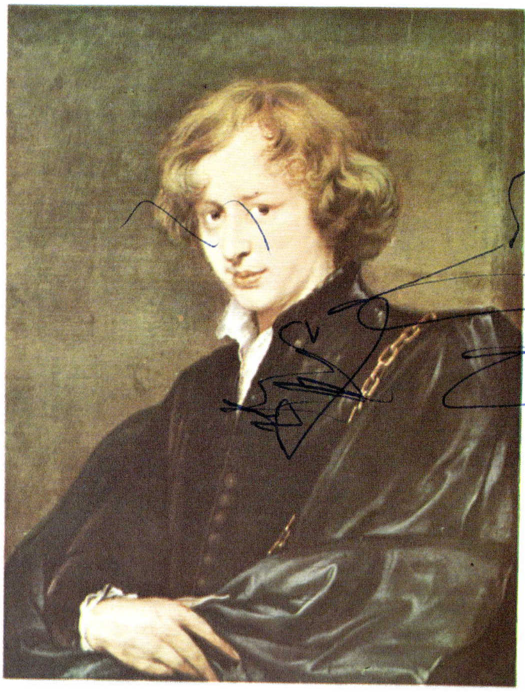
Abbildung 112: Van Dyck: Selbstporträt.

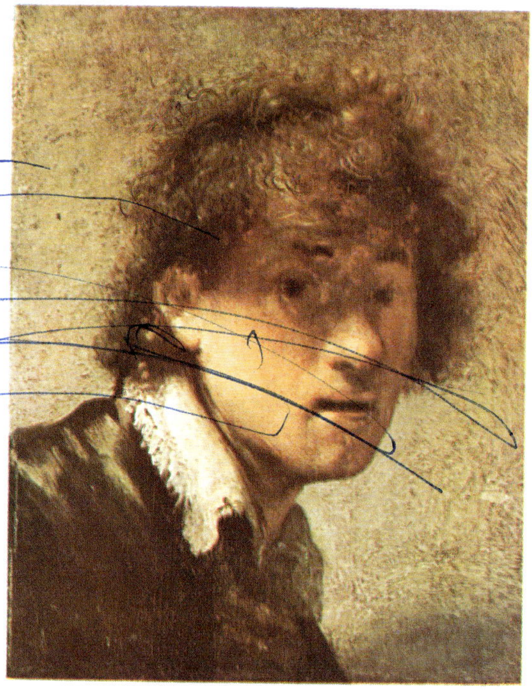
Abbildung 113: Rembrandt: Selbstporträt.

Beachten Sie, daß die Hintergründe jeweils neutral sind.

Konsultieren Sie die vorige Doppelseiten mit den klassischen Beispielen, die es wert sind, nachgeahmt zu werden, bevor Sie sich für die Art Ihres Selbstporträts entscheiden.

Klassische Varianten

Neben den auf den vorigen Seiten untersuchten klassischen Beispielen gibt es einige Werke, wie die hier abgebildeten, bei denen der Künstler versucht hat, sich von der Norm zu lösen und eine originelle Arbeit zu schaffen. Das ist der Fall bei den drei Selbstporträts auf dieser Doppelseite. So weicht van Dycks Pose auf seinem Selbstporträt (Abb. 112) ein wenig von dem normalen ab. Er hat einen niedrigeren Gesichtswinkel eingenommen als gewöhnlich. Van Dyck blickt nicht geradeaus, sondern leicht nach unten. (Er mußte den Spiegel neigen und nach oben schauen.) Dadurch erhält er diese elegante und majestätische Pose, eine außergewöhnliche Komposition und Silhouette.

Auf dem nächsten Beispiel (Abb. 113) hebt Rembrandt seinen Kopf mit dem zerzausten Haar durch eine zenitale Beleuchtung gegenüber seinem Körper hervor. Darüber hinaus nimmt er den drolligen Ausdruck des unschuldigen

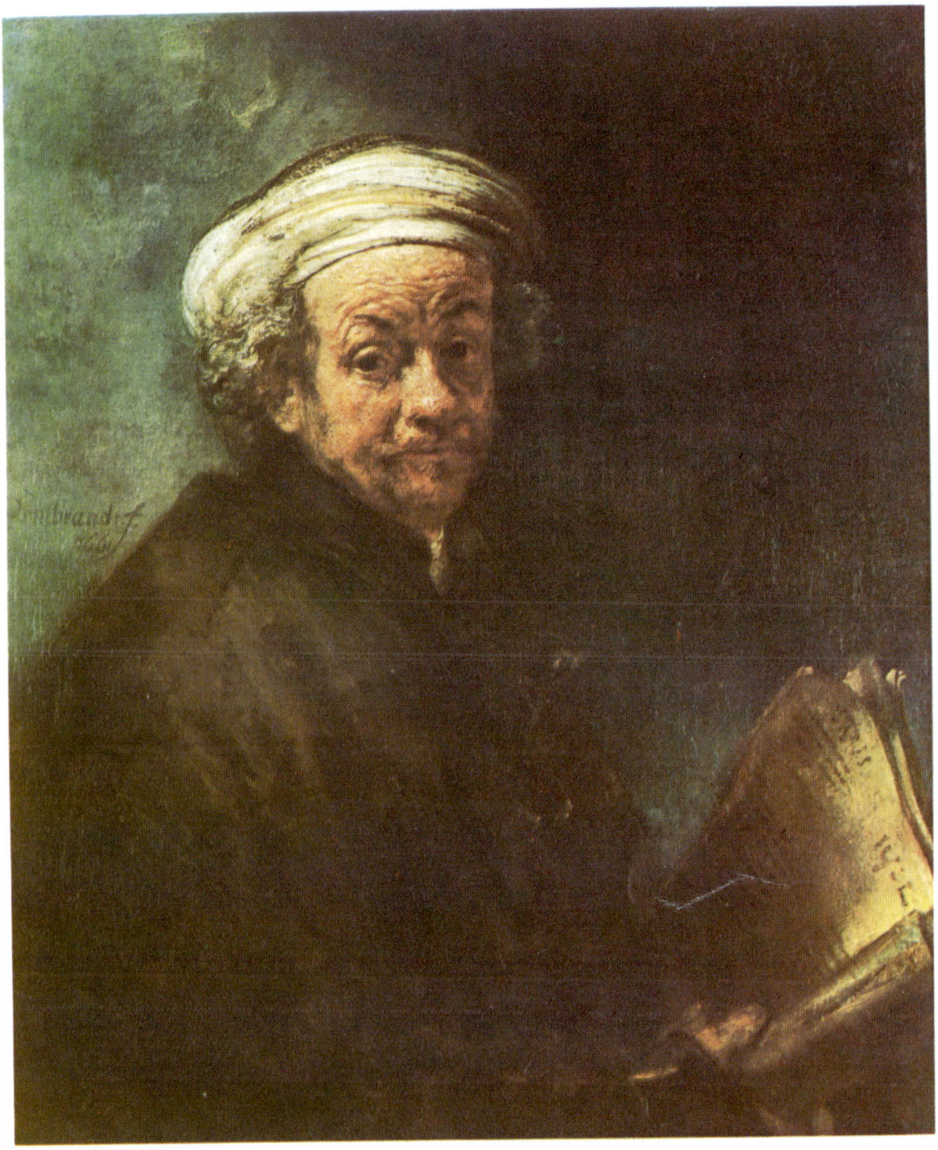

Abbildung 114: Rembrandt: *Der verkleidete Maler.* Selbstporträt.

Bauernlümmels an. Der alte Rembrandt erscheint noch einmal auf dem Selbstporträt mit dem Titel „Der verkleidete Maler" (Abb. 114). Er macht sich über sich selbst lustig und sieht sich als Mann, dem keine Illusionen mehr bleiben. Rembrandt war in seinen letzten Lebensjahren in der Tat ein gebrochener Mann. Er hatte seine Frau und seinen Sohn verloren und lebte nur mit seiner Tochter und einer alten Haushälterin zusammen. Die Serie dieser Selbstporträts aus diesen letzten Jahren spiegelt das traurige Ende seines Lebens wider.

Ausgefallene Selbstporträts

Hier eine Reihe von Selbstporträts, die durch ihre Originalität auffallen und manchmal ans Extravagante grenzen.

Dali stellt uns sein „weiches“ Selbstporträt vor (Abb. 115), das in strikt surrealistischer Form gemalt ist und trotzdem eine derartige Ähnlichkeit aufweist, daß man dem Künstler nur höchstes Lob zollen kann.

Murillo (Abb. 116) malt sich hinter einem Rahmen und hebt so sein Porträt und seine Gestalt wirkungsvoll hervor.

Das merkwürdigste Selbstporträt dieser Serie stellen wir auf Abbildung 118 vor, man könnte es als Selbstkarikatur bezeichnen. Sein Maler ist der italienische Künstler Alberto Savigno. Dieses Selbstporträt mit dem Kopf einer Eule in Aquarellfarben befindet sich heute im Museum der Modernen Kunst in Turin.

Reynolds versucht die Aufmerksamkeit auf sein Bild (Abb. 119) zu richten, indem er vorgibt, im Freien zu arbeiten und sich mit einer Hand vor der Sonne zu schützen, während die andere die Palette und den Malstock hält. (Der Malstock ist ein langer dünner Stab mit einer kleinen Kugel an beiden Enden. Mit ihm stützt man die malende Hand ab, damit sie die frisch angelegte Fläche nicht berührt und beschädigt.) Auf dem folgenden Bild (Abb. 120) erregt die deutsche Malerin Paula Moderson-Becker mit ihrem 21 × 65 cm großen Selbstporträt die Aufmerksamkeit der Besucher des Basler Kunstmuseums, indem sie sich nackt zeigt.

Der Italiener Umberto Boccioni, der zunächst ein Impressionist war und später zum Pionier des Futurismus in Italien wurde, kam auf den Gedanken, sein Selbstporträt im Freien mit einer Stadtszene als Hintergrund zu malen (Abb. 117).

Es ist schwierig, aus all den Beispielen eine Schlußfolgerung zu ziehen und einen Rat zu geben, wie man ein wirklich originelles und kreatives Selbstporträt – wie man heute sagen würde – anfertigt. Da Kreativität jedoch im Grunde eine Geisteshaltung ist, eine bestimmte Art zu denken (vor, während und nach der Arbeit), aufgrund derer man die Dinge auf eine Weise sehen und auf eine andere darstellen kann, hoffe ich, daß die gezeigten Abbildungen der Selbstporträts und die dazugehörigen Kommentare diese neue Haltung in Ihnen wecken und weiterentwickeln, so daß auch Sie demnächst etwas noch nie Dagewesenes, also Originelles schaffen werden.

Abbildung 115: Dali: Selbstporträt.

Abbildung 116: Murillo: Selbstporträt.

Abbildung 117: Boccioni: Selbstporträt.

Abbildung 118: Savigno: Selbstporträt.

Abbildung 119: Reynolds: Selbstporträt.

Abbildung 120: Moderson-Becker: Selbstporträt.

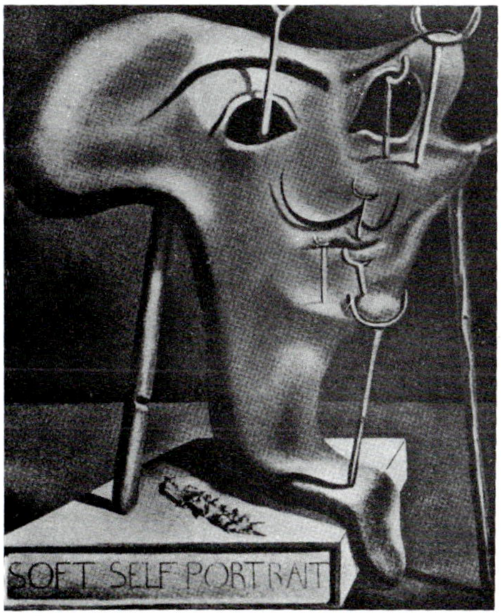

Abb. 115

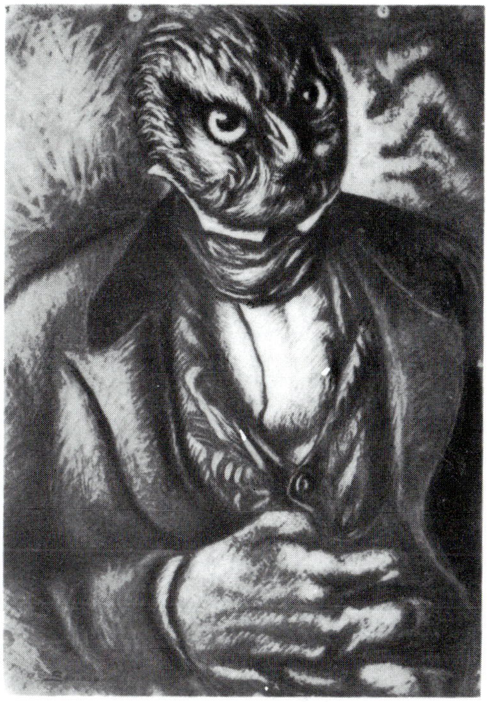

Abb. 118

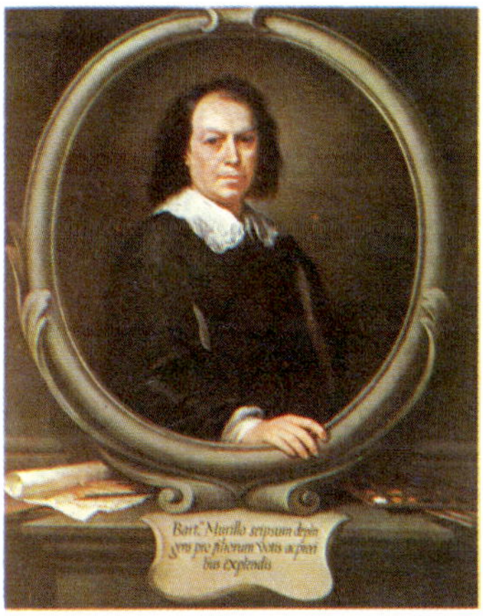

Abb. 116

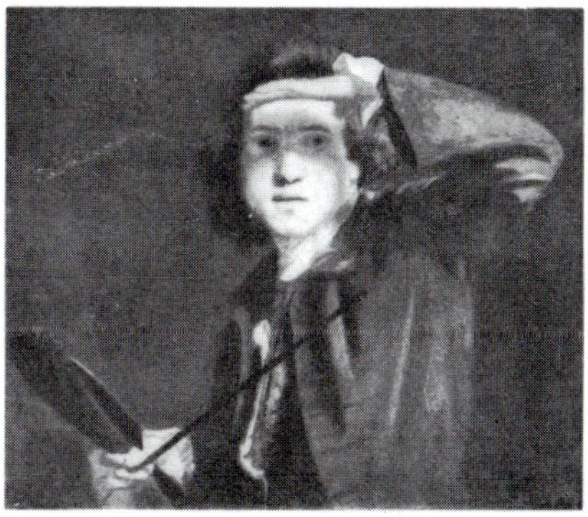

Abb. 119

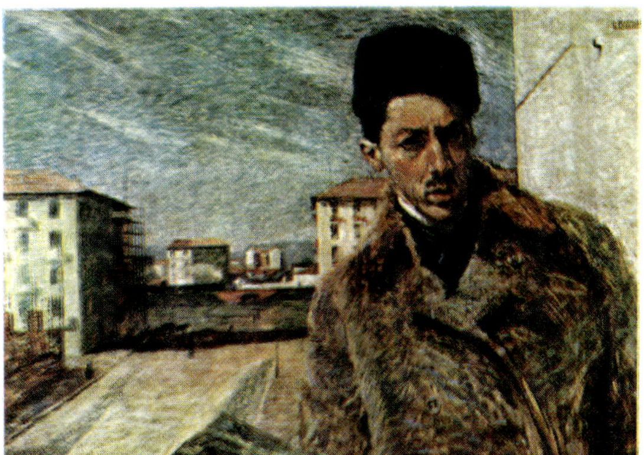

Abb. 117

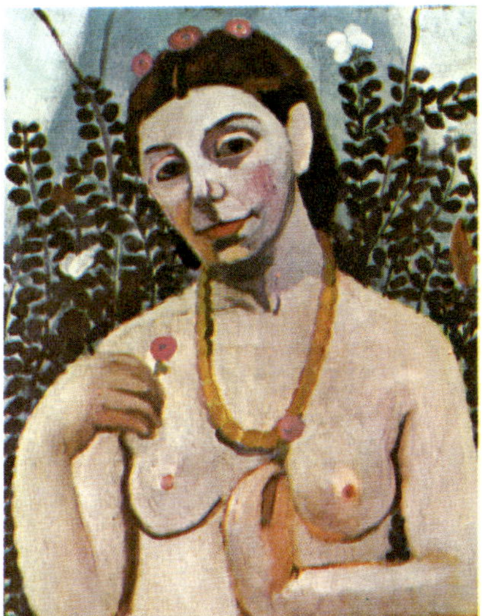

Abb. 120

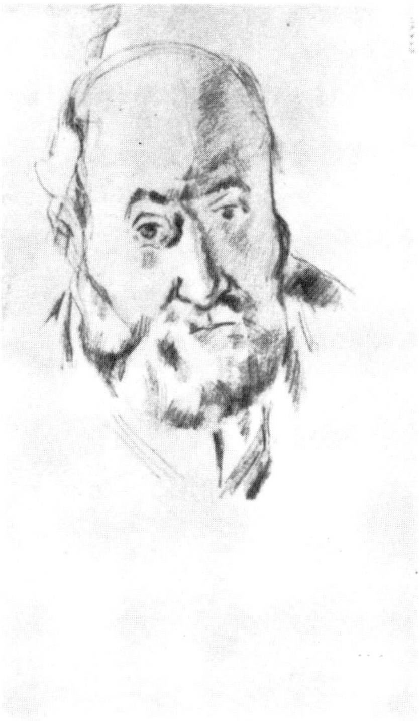

Abbildung 121: Cézanne: Selbstporträt (Bleistiftzeichnung).

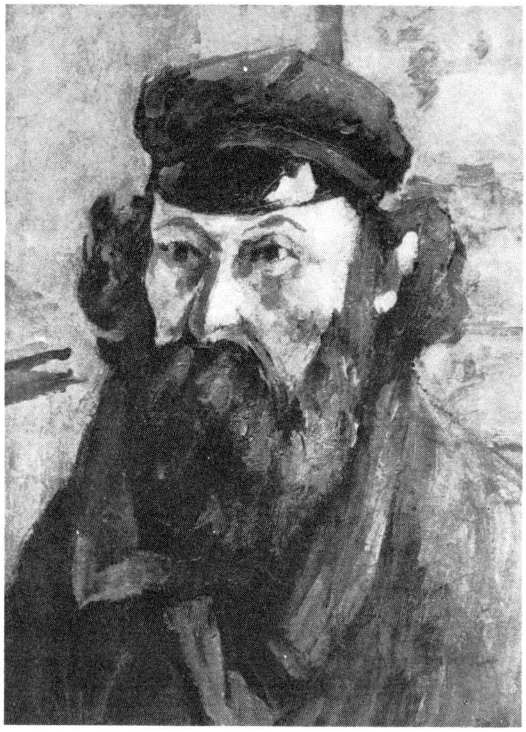

Abbildung 122: Cézanne: Selbstporträt.

Sechs Selbstporträts von Cézanne

An diesen sechs Selbstporträts ein und desselben Künstlers lassen sich einige verblüffende Übereinstimmungen feststellen.

Zunächst einmal die Pose: Auf den vier Selbstporträts der gegenüberliegenden Seite ist die Pose praktisch gleich: eine Dreiviertelansicht in derselben Richtung und zweifellos bewußt mit derselben Bewegung des Körpers, was der bereits zitierten klassischen Regel von Ingres widerspricht: „Der Köper darf der Bewegung des Kopfes nicht folgen."

Auch das Format und die Komposition der Bilder ähneln sich sehr, vor allem bei den Selbstbildnissen der Abbildungen 123, 124 und 126.

Das Licht fällt stets seitlich ein und wirkt beinahe wie Gegenlicht – die auffälligste Gemeinsamkeit der Bilder. Abbildung 124 zeigt diese Beleuchtung am deutlichsten.

Beachten Sie vor allem, daß Cézanne sich stets auch um den Hintergrund kümmerte und versuchte, ihn lebendig zu gestalten (Abb. 122, 123 und 124).

Eines dieser Selbstporträts kann vielleicht der Ausgangspunkt für Ihre Komposition sein.

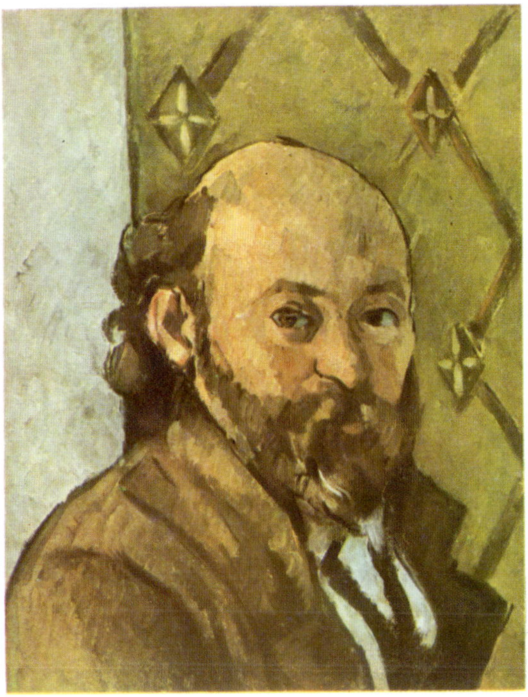
Abbildung 123: Cézanne: Selbstporträt.

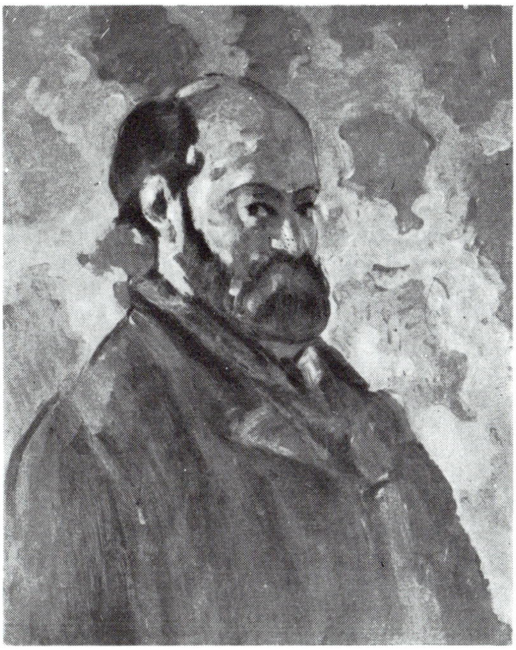
Abbildung 124: Cézanne: Selbstporträt.

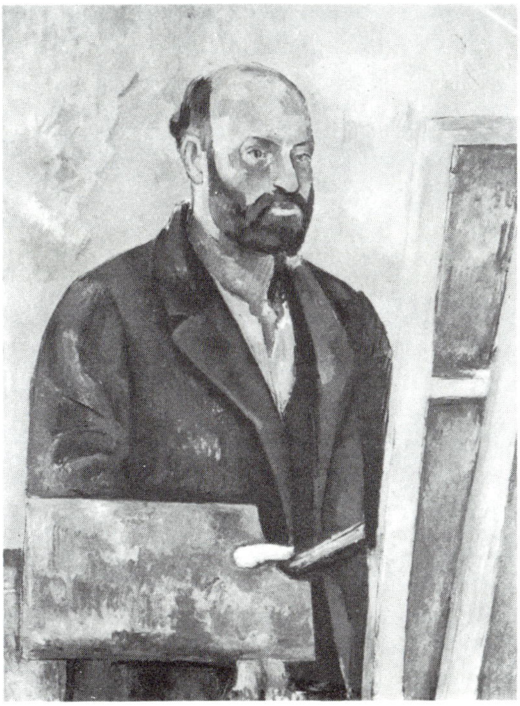
Abbildung 125: Cézanne: Selbstporträt.

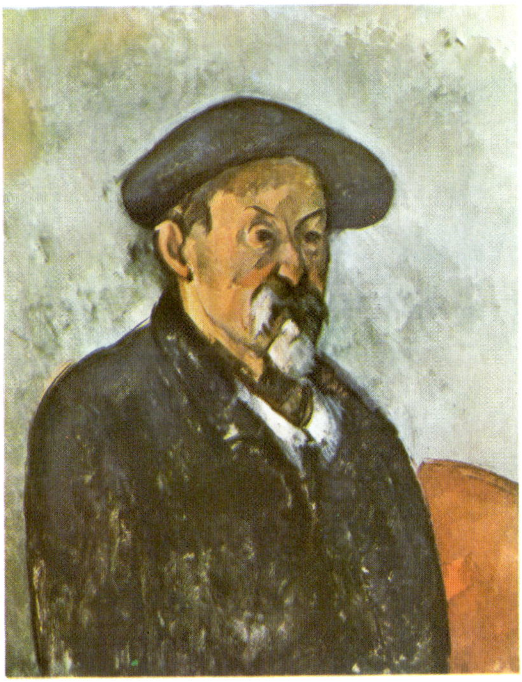
Abbildung 126: Cézanne: Selbstporträt.

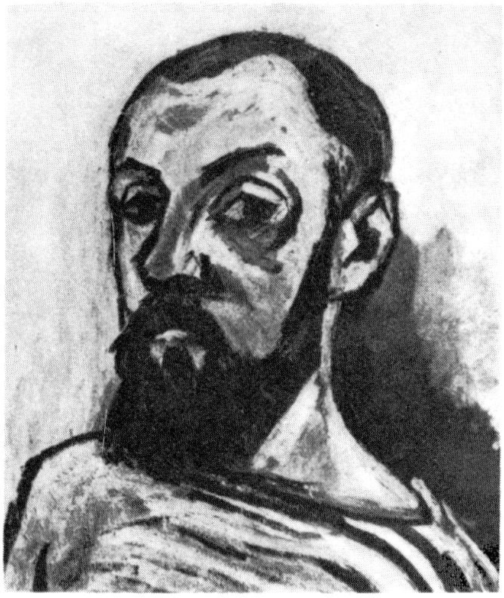

Abbildung 127: Matisse: Selbstporträt.

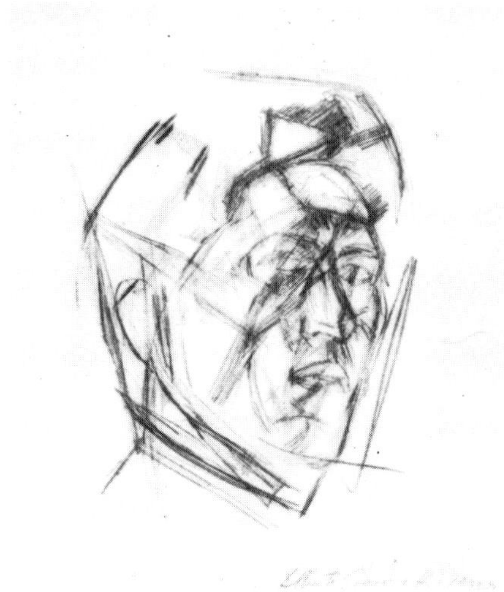

Abbildung 128: Giacometti: Selbstporträt (mit Bleistift).

Das Umfeld und der Stil sorgen für Originalität

Bei den vier Selbstporträts von Matisse, Giacometti, Modigliani und Max Beckmann sorgen Stil, Ausarbeitung und Technik für Originalität. Matisse' Selbstporträt auf Abbildung 127 ist ein perfektes Beispiel für die Synthese, das uns an eine weitere Regel von Ingres über die Kunst der Porträtmalerei erinnert: „Der Maler muß ein gutes Personengedächtnis besitzen und die Karikatur suchen."

Der Schweizer Maler und Bildhauer Giacometti, ein Surrealist und Expressionist, hat seine Selbstporträts mit transparenten Strukturen, die den Körper formen, hergestellt.

Der berühmte Modigliani hält sich auch bei seinem Selbstporträt an seinen besonders figurativen, stilisierenden Stil – leere Augen, längliches Gesicht, Begrenzung der Formen durch feine Konturen, die aus kleinen, leichten Pinselstrichen bestehen.

Der Deutsche Max Beckmann hat schließlich das Verfahren des Holzschnitts gewählt und so einen energischen Kopf in moderner Herstellungsart erhalten.

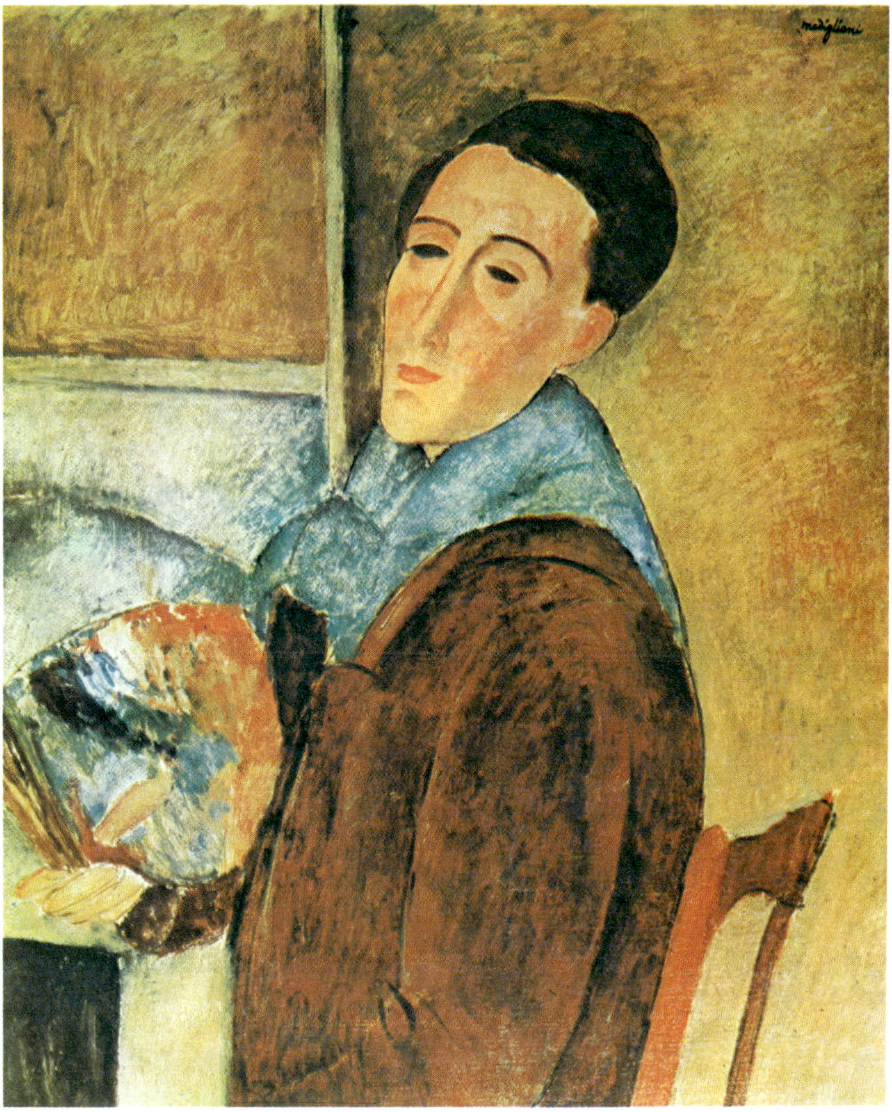

Abbildung 129: Modigliani: Selbstporträt.

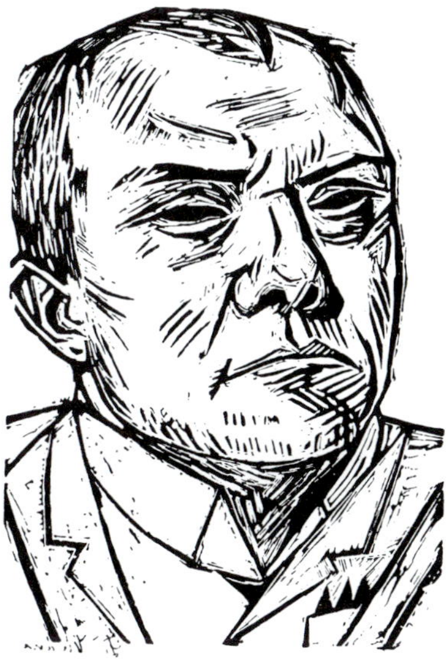

Abbildung 130: Beckmann: Selbstporträt (Holzschnitt).

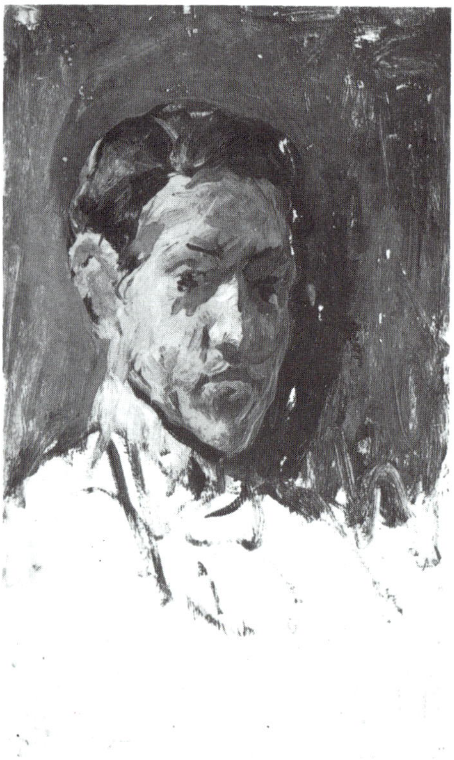

Abbildung 131: Picasso: Selbstporträt.

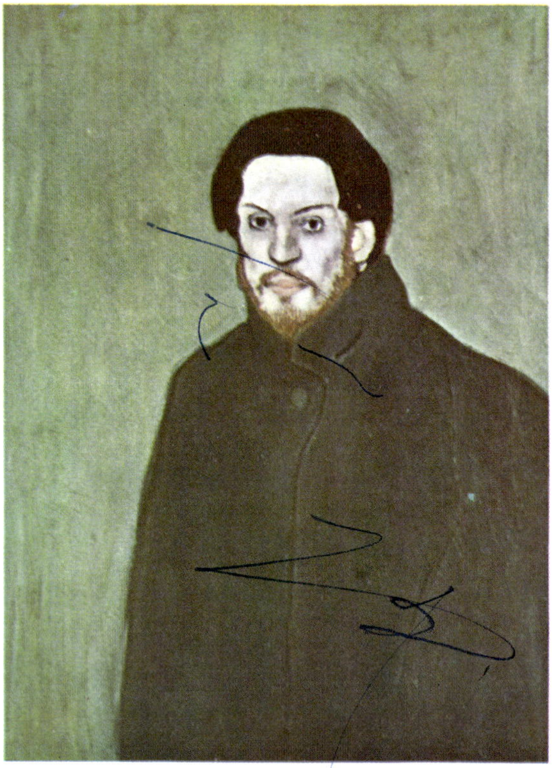

Abbildung 132: Picasso: Selbstporträt (1901).

Vier Picasso von Picasso

Picasso fertigte diese Selbstporträts innerhalb einer Zeitspanne von zehn Jahren an. Das erste oben links (Abb. 131) malte er 1896 im Alter von 16 Jahren in Barcelona (er wurde 1881 in Malaga geboren), die drei anderen mit 20, 25 und 26 Jahren in Paris.

Am meisten überrascht bei Picasso die beachtliche Fähigkeit, etwas „zu finden". Picasso sagte selbst: „Nicht suchen – finden! Meiner Meinung nach bedeutet das Suchen in der Malerei gar nichts, man muß etwas finden." Picasso war ein Suchender, der die Synthese zu jeder Tageszeit und Stunde kraftvoll vorantrieb und in der Lage war, seine Betrachtungsweise, seine Art, sich auszudrücken, und seinen Malstil ständig zu erneuern. Deshalb sind diese vier Selbstporträts eine Entdeckung, die einen Kommentar verdient haben.

Mit 16 Jahren malte Picasso mit der Freiheit und der Sicherheit eines alten impressionistischen Meisters, ohne daß es ihn die geringste Anstrengung kostete. Er spielte mit einer für seine Jugend erstaunlichen Meisterschaft mit Pinsel und Farbe (Abb. 131).

Während seiner ersten Reise nach Paris im Jahre 1901 malte er jenes andere bemerkenswerte Selbstporträt in Grau, Blau und Schwarz (Abb. 132) und schuf ein sehr originelles Werk von großer Eleganz in Komposition, Ausdruck und Farbwahl.

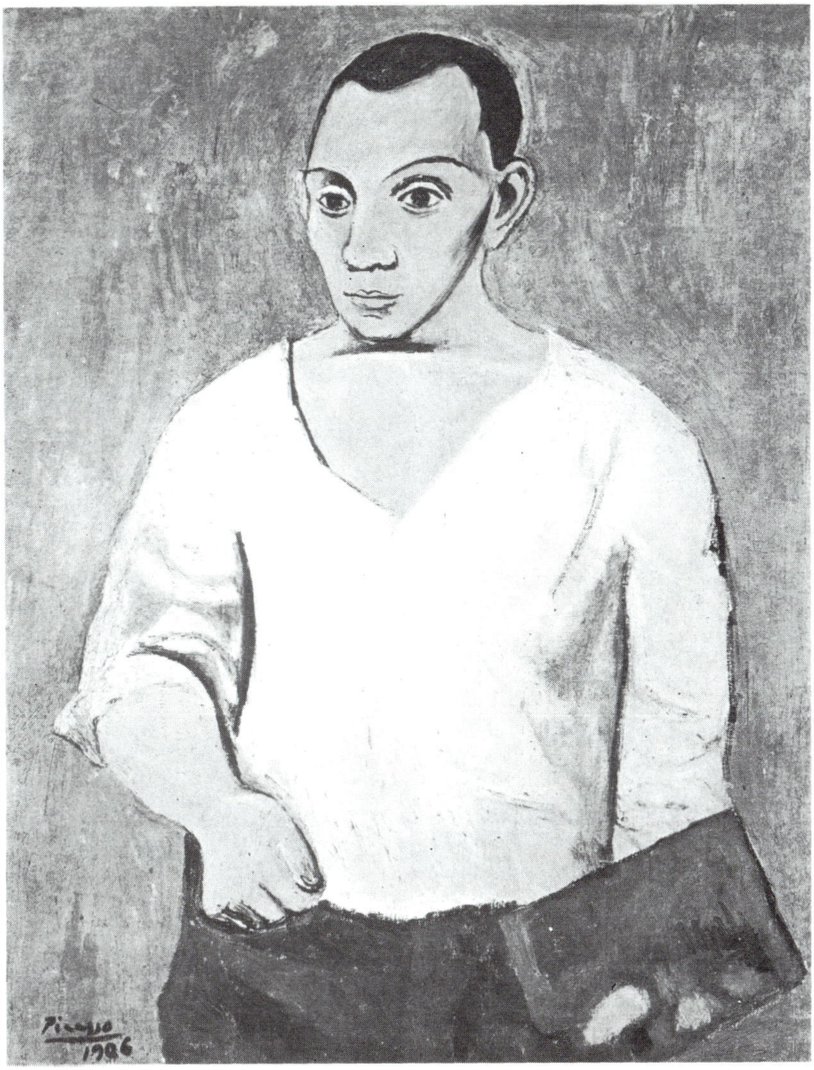

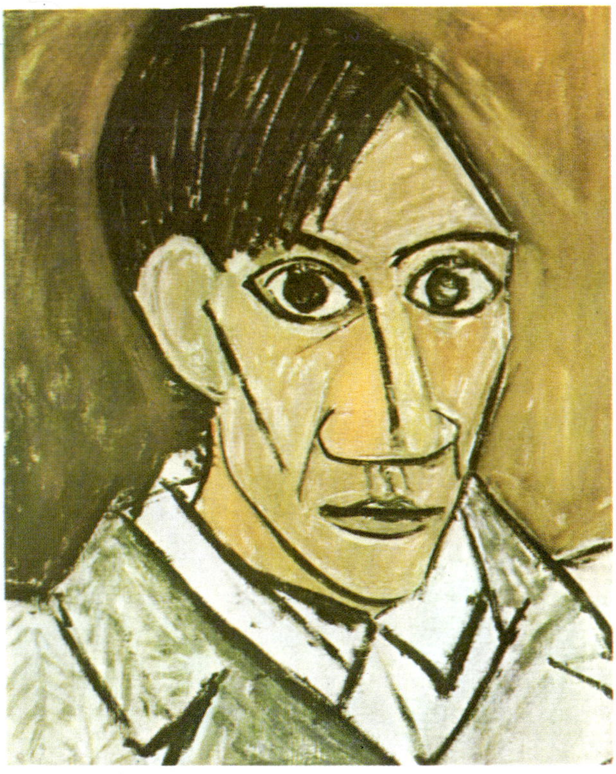

Abbildung 133: Picasso: Selbstporträt (1906).

Abbildung 134: Picasso: Selbstporträt (1907).

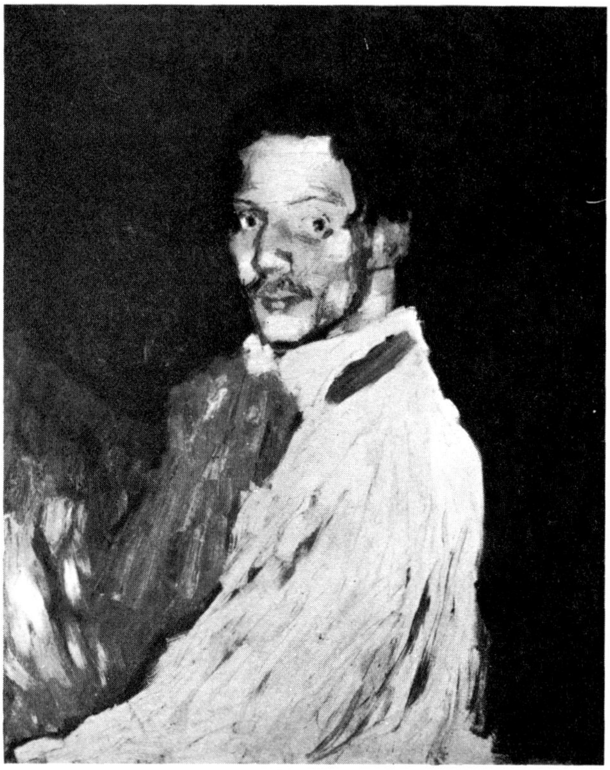

Abbildung 135: Picasso: Selbstporträt (Titel des Künstlers: *„Ich, Picasso"*).

Abbildung 136: Picasso: Selbstporträt (Studie für das Selbstporträt: *„Ich, Picasso"*).

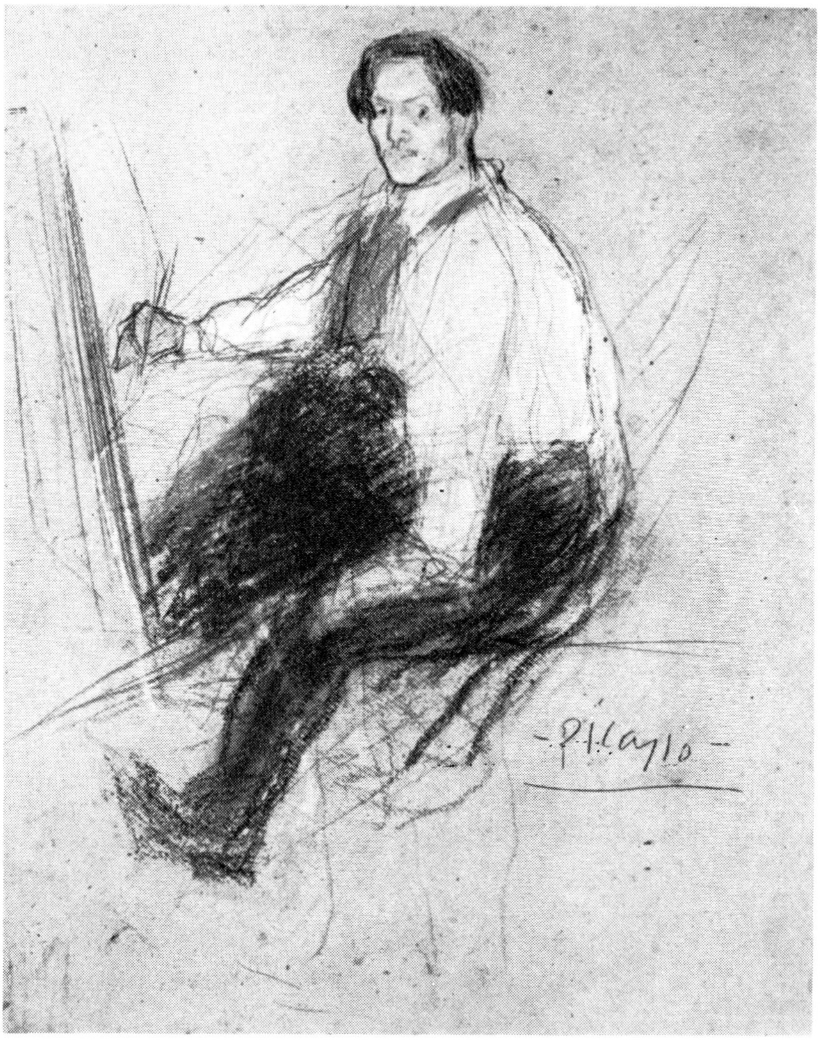

Auf einer seiner Reisen nach Spanien im Jahre 1906 machten die römischen Skulpturen auf den damals 26jährigen Picasso einen starken Eindruck. Er malte daraufhin sein berühmtes Porträt von Gertrud Stein und stellte anschließend sein nicht weniger bekanntes Selbstporträt im selben Stil her, bei dem er praktisch auf die Darstellung des Volumens durch Licht und Schatten verzichtete. Er löste die bildlichen Probleme dagegen mit flachen, außerordentlich zurückhaltenden Farben und einer vollkommenen Synthese der Form (Abb. 133).

Ende desselben Jahres 1906 unternahm Picasso seine kubistischen Malversuche. Dabei handelte es sich um erste Studien zu jenem berühmten Gemälde, das als Einleitung des Kubismus betrachtet wird: „Die Demoiselles von Avignon". Kurz darauf, 1907, fertigte Picasso ein weiteres Selbstporträt an, in dem er sich auf wirklich revolutionierende Weise ausdrückt (Abb. 134).

Auf den ersten Blick könnte man meinen, daß Bilder wie diese ohne jede Anstrengung angefertigt worden sind. Das trifft jedoch durchaus nicht zu. Picasso war ein unermüdlicher Arbeiter und schöpfte alle Möglichkeiten eines Themas voll aus. (Es sei hier an die Serie von Zeichnungen mit dem Titel: „Der Maler und sein Modell" erinnert, die im Picasso-Museum von Barcelona ausgestellt ist.

Sogar während der Anfertigung eines Selbstporträts studierte, modifizierte und veränderte Picasso unablässig sein Werk und „zerstörte es, je weiter es voranschritt" – wie er selbst sagte. Ich habe festgestellt, daß sich Picasso allein 1901 etwa fünfzehnmal gemalt oder gezeichnet hat. Das nebenstehende Selbstporträt (Abb. 135) stammt aus dieser Epoche. Picasso hat es selbst „Ich, Picasso" genannt. Für seine Herstellung fertigte er zuvor eine Studie mit Zeichenkohle und Pastellkreide an (Abb. 136).

So weit wie Picasso zu gehen, ist sehr schwierig, ja beinahe unmöglich. Um es überhaupt versuchen zu können, sollte man seinem Beispiel folgen und vom zwölften Lebensjahr an ohne Unterlaß zeichnen und malen: ein ganzes Leben lang.

Das Selbstporträt in der Praxis

Wir wollen nun erleben, wie ein Selbstporträt in der Praxis entsteht. Es handelt sich um ein eigenes ... Ich bitte um Verzeihung, daß ich mich noch einmal als Modell nehme. Aber ich weiß keine bessere Möglichkeit, Ihnen zu erklären, wie man sich zeichnet und malt.

Ich habe eine Leinwand mit dem Keilrahmen Nr. 10, Format „Landschaft“ gewählt, der 55 × 38 cm mißt. Das Format „Gestalt“ (55 × 46 cm) schien mir zu quadratisch. Aber es gibt natürlich in dieser Beziehung keine feststehenden Regeln. Alles hängt ausschließlich vom Geschmack des einzelnen ab, man kann selbst zu einem quadratischen, einem länglichen oder ovalen Format greifen.

Ich habe die endgültige Pose, die Komposition und die Beleuchtung bereits gefunden: Ich werde meinen Kopf in der Frontalansicht mit leicht abgewandtem Körper malen. Den Rücken kehre ich dem Fenster zu, er wird also etwas beleuchtet. Eine Seite meines Gesichtes wird angestrahlt, die andere liegt im Schatten. Als Hintergrund will ich das darstellen, was sich dort befindet: Eine Wand voller Bilder und halbfertiger Gemälde – ein wenig, wie es Pissarro auf Abbildung 99 getan hat.

Ich befinde mich im ersten Stadium der Herstellung „Untersuchung des Modells“, die Ingres mit folgenden Worten beschrieb:

„Befrage dein Modell, bevor du beginnst.“

Während ich mich im Spiegel betrachte, frage ich mich, wie ich tatsächlich auf andere wirke, welchen Ausdruck ich normalerweise annehme und welchen ich gern zeigen möchte. Ich muß mich für eine Haltung und eine Pose entscheiden.

Andererseits versuche ich, mir die Harmonisierung der Farben, die Stimmung und die Dominante vorzustellen, die das Bild besitzen soll. Grundsätzlich denke ich dabei an Blau.

Ein gutes Selbstporträt muß zwei Dinge miteinander verbinden:

1. Es weist eine große Ähnlichkeit mit dem Modell auf.
2. Es ist aus sich heraus schon ein Kunstwerk.

Erinnern Sie sich hinsichtlich der Ähnlichkeit jenes weiteren Ratschlags von Ingres:

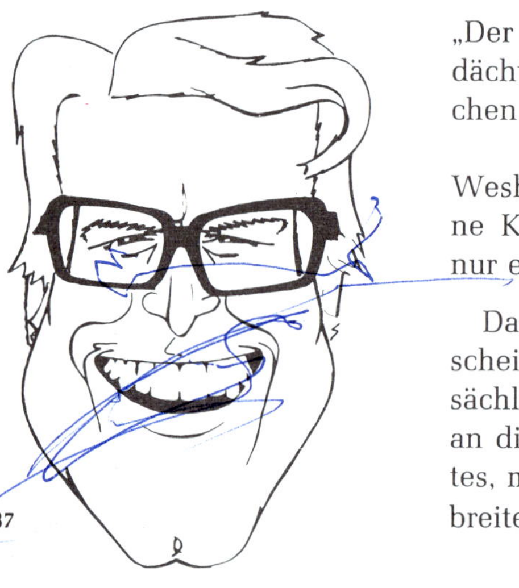

Abb. 137

„Der Maler muß ein gutes Personengedächtnis besitzen und die Karikatur suchen.“

Weshalb male ich zunächst einmal eine Karikatur von mir selbst? Das ist nur eine Angelegenheit von Minuten.

Da haben wir sie. Die Karikatur scheint mir gelungen. Sie hilft mir tatsächlich weiter, denn sie erinnert mich an die längliche Form meines Gesichtes, meine kleinen Augen und meinen breiten, vorspringenden Kiefer.

Ingres hatte recht: Die Karikatur ist eine Synthese der Physiognomie. Wollen Sie es nicht auch einmal versuchen?

Betrachten Sie sich von Zeit zu Zeit mit halbgeschlossenen Augen, dadurch eliminieren Sie die kleinen Einzelheiten und können die Formen und die wichtigen Flächen besser erkennen. Denn wie Ingres schon sagte:

„Die Einzelheiten reden zu viel, man muß sie eliminieren.“

Erstes Stadium
Vorheriger Aufbau (Abbildung 138)

Der Aufbau oder die Vorzeichnung eines Ölgemäldes kann entweder mit Pinsel und einer stark mit Terpentin verdünnten Farbe ausgeführt werden oder mit Zeichenkohle. Entweder baut man das Modell mit einer Skizze mit wenigen Strichen auf und beginnt sofort zu malen, oder man fertigt zuvor eine exakte Zeichnung an. Ich selbst werde die zweite Methode anwenden und mit Zeichenkohle arbeiten, denn sie ist in bezug auf die Unterweisung wesentlich instruktiver.

Innerhalb des ersten Stadiums werde ich nur eine lineare Zeichnung anfertigen. Zunächst berechne ich die Höhe des Kopfes von den Haaren bis zum Kinn (22 cm). Anschließend ziehe ich die Symmetrieachse A des Gesichtes. Sie ist etwas nach links geneigt.

Unmittelbar danach lege ich die Waagerechte C (die mit der Geraden A einen rechten Winkel bildet) und skizziere die Form und die Breite der Augenbrauen zu beiden Seiten der Symmetrieachse. Ohne Zeit zu verlieren, zeichne ich ein wichtiges Detail: die Brille. Das ist wegen ihrer geometrischen Form und der Tatsache, daß sie völlig symmetrisch zur Mittelachse A liegt, verhältnismäßig einfach. Außerdem handelt es sich um einen flachen Körper ohne die dritte Dimension.

Nebenbei habe ich bereits die Augen gezeichnet und berücksichtigt, daß der Abstand zwischen beiden Augen der Breite eines dritten Auges entspricht.

Ich bestimme jetzt die Maßeinheit oder den Abstand zwischen den Augenbrauen und dem unteren Rand der Nase und erhalte automatisch die Linie D, die die Höhe der Stirn und die Lage des Haaransatzes angibt. Nun gehe ich wieder tiefer, berechne nach Augenmaß die halbe Höhe der Maßeinheit D–C, bekomme die Begrenzung der Unterlippe und zeichne den Mund.

Ich ziehe den unteren Umriß des Kinns, deute die Breite des Gesichtes in Höhe der Brille an und zeichne die Ohren. Ich berechne und zeichne die Form des Kiefers (und erinnere mich dabei der Karikatur von mir selbst); dann sind alle Probleme gelöst. Weitere Erklärungen benötigen Sie nicht.

Während dieses ersten Stadiums muß man unbedingt für absolute Symmetrie zwischen den verschiedenen Gesichtsteilen zu beiden Seiten der Mittelachse sorgen und verhindern, daß zum Beispiel ein Auge höher oder tiefer liegt als das andere, der Mund verzerrt ist oder ein Ohr kleiner als das andere ausfällt . . . Solange die Schatten nicht angelegt sind, ist es noch einfach.

Ich möchte Ihnen jedoch einen Trick verraten, durch den Sie solche Irrtümer leicht vermeiden:

Betrachten Sie Ihr Werk im Spiegel,
um Fehler im Aufbau zu erkennen.

Dieser Trick ist so alt wie die Welt. Leonardo da Vinci empfahl ihn bereits in seinem „Traktat über die Malerei“:

> „Du mußt beim Malen einen flachen Spiegel haben
> und dein Werk häufig darin betrachten,
> um deine Fehler zu erkennen
> und sie korrigieren zu können.“

Gewöhnen Sie sich die Arbeit mit dem Spiegel schon jetzt an. Kontrollieren Sie den Aufbau und die Zeichnung. Wenden Sie dieses alte, wirkungsvolle System jedesmal in der Praxis an, wenn Sie eine wichtige Phase Ihres Selbstporträts beendet haben.

Zweites Stadium
Endgültiger Aufbau (Abbildung 139)

Ich werde die Zeichnung jetzt schwärzen und ihr mit Hilfe der Zeichenkohle Volumen geben. Sie wissen bereits, daß Zeichenkohle wegen ihrer Handlichkeit ein äußerst geeignetes künstlerisches Ausdrucksmittel ist. Mit ihr lassen sich intensive Schwarztöne erzielen, man kann sie leicht verwischen und sie in eine unendliche Skala von Grautönen verstreichen. Verarbeitet und verwischt wird die Kohle mit den Fingerspitzen. Dadurch ergeben sich ganz außergewöhnliche Effekte.

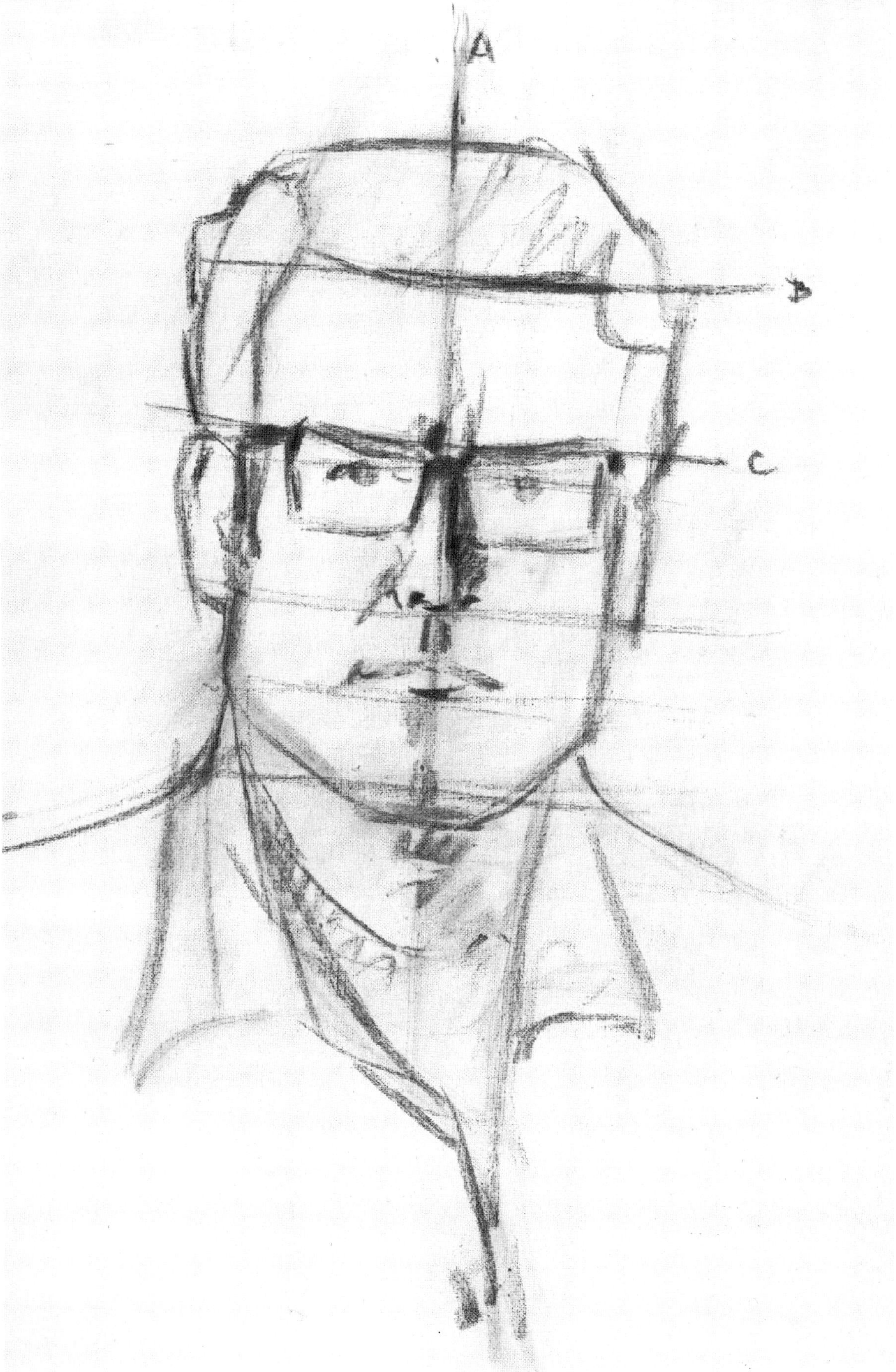

Abb. 138

Beherrscht man diese Technik, arbeitet man mit den Fingern, überträgt man das Schwarz von einer Seite zur anderen, verringert man dessen Intensität durch einfaches Reiben mit einem Lappen oder einem Radiergummi und nutzt man alle Möglichkeiten voll aus, hat man plötzlich den Eindruck, man malte bereits.

Auf Abbildung 139 sehen Sie das Stadium am Ende dieser endgültigen Aufbauphase.

Ich bin der Meinung, daß man die Zeichnung des Gesichtes mit absoluter Genauigkeit anfertigen muß, um anschließend die ganze Kraft und die ganze Aufmerksamkeit den Farben zuwenden zu können. Ungeduld und die nicht ganz unverständliche Überlegung, sich erst während des Malens damit zu befassen, können zu einer restlosen Katastrophe führen. Bedenken Sie, daß Sie sogar nach Abschluß der Kohlezeichnung hier noch ein wenig fortnehmen und dort noch eine Stelle mit einem sauberen Tuch wegwischen können, um auf der Grundlage des zuvor Ausgearbeiteten eine noch befriedigendere Synthese zu erhalten.

Nach Beendigung dieses zweiten Aufbaustadiums fixieren Sie Ihre Zeichnung mit einem guten Markenfixativ. Dadurch erhalten Sie ein stabiles Bild, auf dem sich leichter mit Ölfarben malen läßt.

Lassen Sie vor dem Fixieren einige Minuten verstreichen. Gehen Sie einen Augenblick spazieren, und kehren Sie dann an Ihre Arbeit zurück. Auf diese Weise schärft sich Ihr kritischer Blick und Sie sind eher in der Lage, Ihre eigenen Irrtümer zu erkennen und zu korrigieren.

Erstes Stadium mit Ölfarbe: Die Unterlasur (Abbildung 140)

Ich habe vor, in der Primatechnik zu arbeiten, werde meine Arbeit jedoch in zwei Abschnitte unterteilen und zwischen beiden einen ausreichenden Zeitabstand lassen – die ganze Nacht –, um meine Fehler erkennen und ausbessern zu können.

Überpüfen Sie ständig Ihren Gesichtsausdruck.
Überprüfen Sie ständig Ihre Kopfhaltung.

Diese beiden Kontrollen sind absolut erforderlich, denn man neigt beim Malen dazu, langsam aber ständig die Kopfhaltung zu verändern und dadurch unbeabsichtigt entscheidende Aufbaufehler zu begehen.

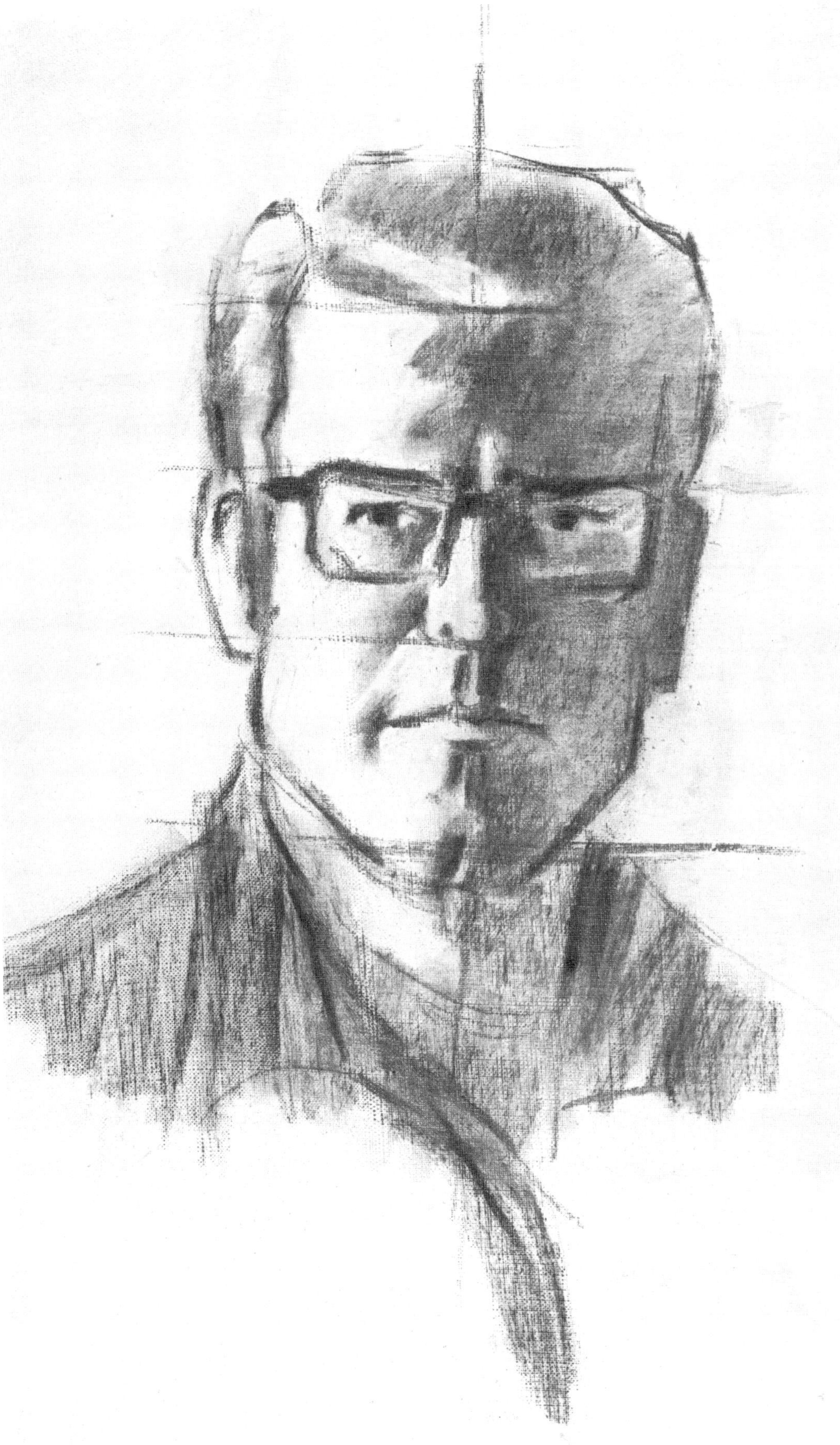

Abb. 139

Des weiteren ist nicht auszuschließen, daß man angesichts der Sorge und Anspannung während des schöpferischen Prozesses die Augenbrauen runzelt, sich verkrampft und so aussieht, als sei man schlechter Laune, obwohl das gar nicht dem eigenen Wesen entspricht.

Fragen Sie sich daher von Zeit zu Zeit:

> Ist dies wirklich der Ausdruck, den ich malen möchte?
> Ist dies wirklich die Pose, die ich zu Beginn gewählt habe?

Beim Malen mit Ölfarben muß man rasch arbeiten und die Leiwand so schnell wie möglich bedecken, um die großen Weißflächen zu eliminieren, denn diese erschweren die präzise Farbgebung. Deshalb beginne ich mit dem Hintergrund, fahre dann mit der Kleidung fort und lege zum Schluß die Schattenpartien des Gesichts an.

Ich arbeite mit stark verdünnten Farben.

Die Farbe des Hintergrunds trage ich mit einem breitem Pinsel Nr. 18 auf. Im Augenblick ist es nicht so wichtig, ob der Grund mehr oder weniger blau ausfällt. Ich werde später noch einmal mit einer dickeren Farbe darübergehen, um den Ton anzupassen. Dasselbe gilt für die dunkle Farbe des Hemdes. Anders verhält es sich mit den dunklen Tönen des Gesichtes und des Halses. Hier muß ich achtgeben, sauber arbeiten und gut malen, um die bestmögliche Unterlasur zu erhalten.

Jetzt werde ich Ihnen erst einmal verraten, wie Sie die berüchtigte „Graufalle" vermeiden können:

Drei Vorsichtsmaßnahmen gegen eine Falle

Ich weiß, daß die Ölmalerei anstrengt und ein schöpferischer Prozeß nicht leicht mit methodischer Arbeit, Ordnung und Routine in Einklang zu bringen ist. Bei dieser Malerei sind jedoch drei einfache, methodische Routinearbeiten erforderlich, an die man nicht oft genug erinnern kann:

1. Die Reinigung der Pinsel. Dazu entfernt man die Farbe mit einem Tuch, taucht ihn anschließend in das Terpentinöl im Palettenstecker und wischt ihn trocken. Nur so erhält man einen sauberen Pinsel, mit dem man eine zweite Farbe aufnehmen kann.

2. Auch die Palette sollte man von Zeit zu Zeit reinigen und dabei die Mischungsreste entfernen.

3. Ergänzen Sie die Farben, die auf der Palette zu Ende gehen.

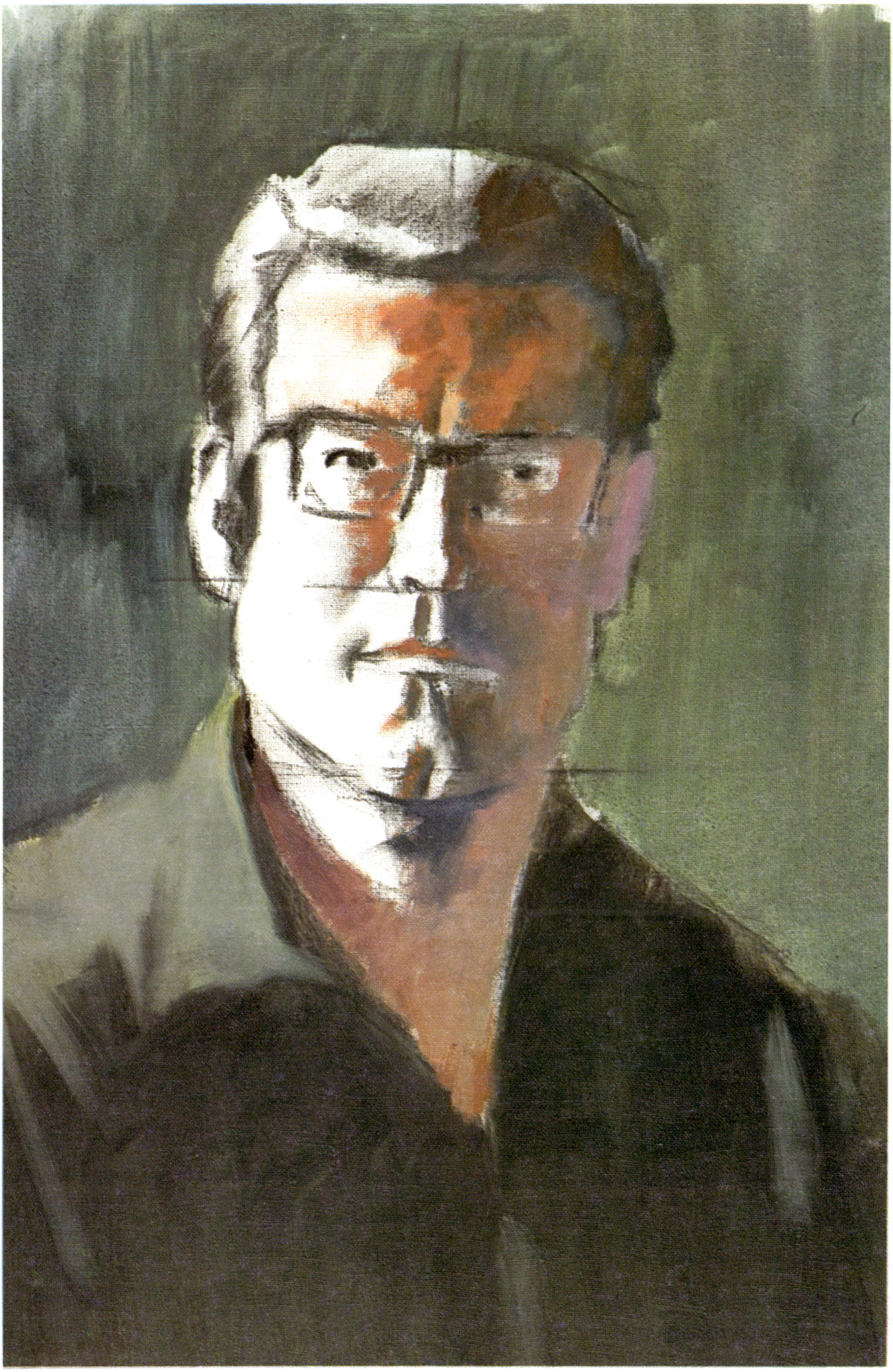

Abb. 140

Theoretisch scheinen diese drei Aufgaben keine Probleme zu bereiten. Die Praxis sieht jedoch anders aus: Mischt und komponiert der Künstler erst einmal seine Farben, erfindet er mit steigendem Fieber immer neue Töne und Nuancen, verliert er völlig den Kopf. Mit anderen Worten: Er vergißt, seine Pinsel zu reinigen, malt zum Beispiel mit einem karmindurchtränkten Pinsel ein Orange und verwandelt das Rotorange dadurch in Zinnober. Um dieses Zinnober anschließend zu korrigieren, gibt er ein wenig Gelb auf die Palette, setzt es an einer Stelle ab, wo sich noch etwas Rosa befindet, und schon nimmt das Orange einen Sienaton an. Der Maler glaubt, daß er das Siena wieder verschwinden lassen kann, indem er Kadmiumgelb hinzufügt. Da er dieses jedoch nicht mehr auf der Palette besitzt, nimmt er Zitronengelb und . . .

Achtung!

Malen Sie mit sauberen (gereinigten) Pinseln.
Arbeiten sie mit einer sauberen (gereinigten) Palette.
Benutzen Sie saubere (reine) Farben.

Halten Sie sich nicht an diese drei Gebote, bekommen Sie zwangsläufig Schwierigkeiten und geraten unweigerlich in die Graufalle; denn die drei Unterlassungssünden stumpfen die Farben ab, vereinheitlichen sie und lassen sie grau werden.

Eine Farbskala für die Pinsel

Noch einen Rat, bevor dieses erste Stadium des Malens mit Ölfarben zu Ende geht: Halten Sie sich bei der Verwendung der Pinsel an die Regel, nach der zum Beispiel drei stets für die dunklen und drei weitere für die hellen Grundfarben der beleuchteten Stellen der Haut eingeteilt werden sollten. Wechseln Sie also die Pinsel während des Malens, als handelte es sich um Farbstifte. Auf diese Weise bleibt jede Nuance wirklich sauber. Alle Kunstmaler halten sich an dieses Verfahren. Dank eines solchen Pinselsortiments konnte ich sofort meinen Grundton aus reichen Orange-, Rot-, Purpur- und Sienanuancen erhalten (Abb. 140).

Die Dominante der Ohren ist übrigens immer Karmin, selbst wenn diese im Schatten liegen.

Zweites Stadium mit Ölfarben
Allgemeine Wahl der Farben (Abbildung 141)

Für die beleuchteten Stellen des Gesichtes benutze ich helle Farben und zwar zunächst Weiß, Kadmiumgelb hell, Ocker und Orange und dann, je nach Bedarf, mehr oder weniger Karmin.

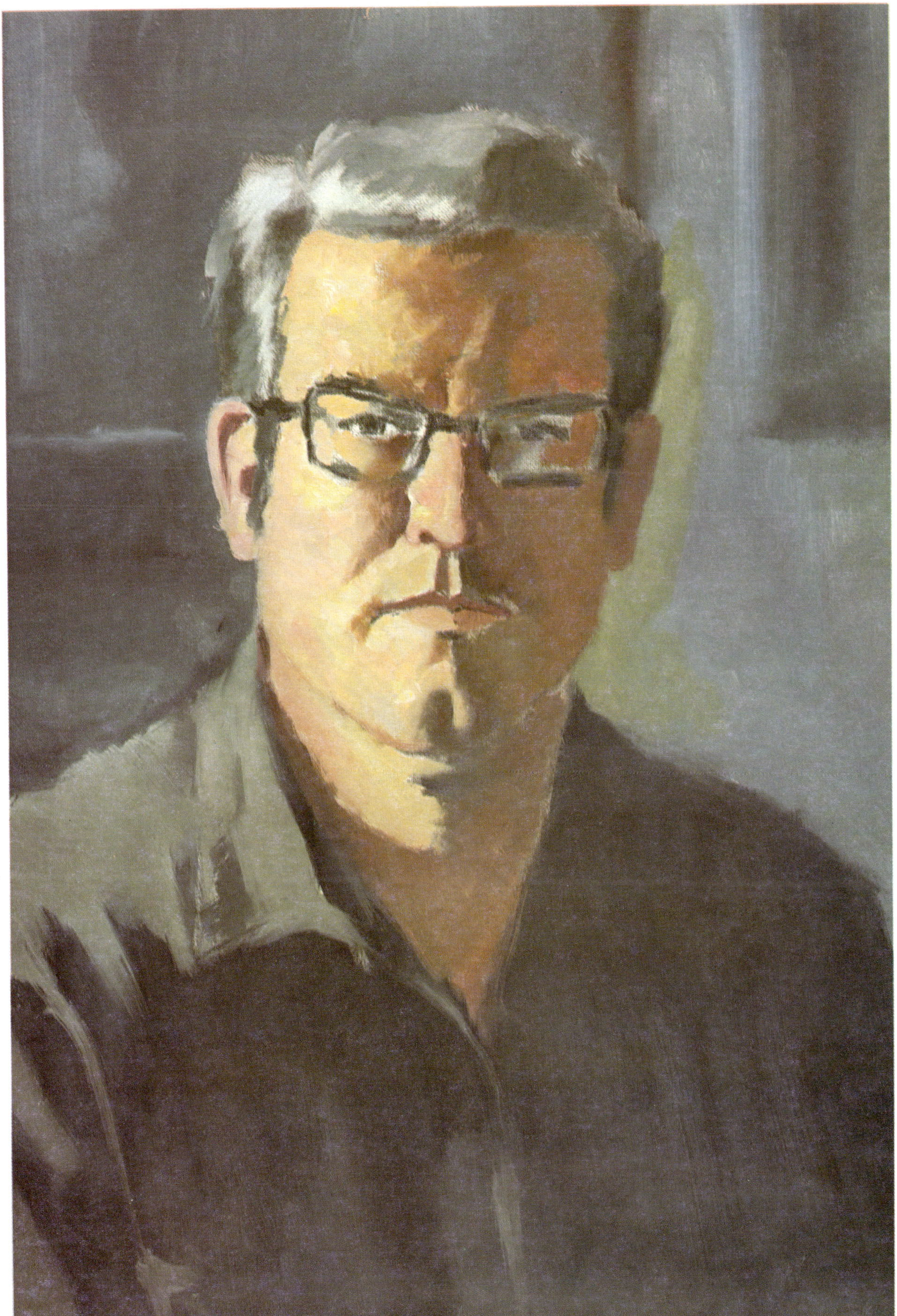

Abb. 141

In diesem zweiten Stadium geht es vor allem um große Diversität und Reichtum der Farbgebung (Abb. 141).

Begnügen Sie sich vor allem nicht mit einer einzigen Farbe für das Licht und einer weiteren für die Schatten.

Ich kann Ihnen versichern, daß die Fleischfarbe am Kinn einen blauen Ton besitzt, während nahe der Unterlippe ein gelbrosa Reflex vorherrscht; etwas weiter oben enthält die Bartregion einen bläulichgrünen Stich, und die linke Wange besteht aus einer Mischung von Rosa und Karmin etc.

(Achtung: Vergessen Sie nicht, daß Pinsel, Palette und Farben immer sauber sein müssen!)

Ich male den Hintergrund mit den an der Wand hängenden Bildern noch einmal. Ich habe auch den Körper überarbeitet und die Farben präzisiert. Die Anlage der Augen und der Brille behalte ich mir für die letzte Sitzung vor. Ich befasse mich nun vor allem mit den allgemeinen Farben des Gesichtes. Die Ähnlichkeit kommt anschließend.

Ich halte inne. Zwar würde ich gern zu Ende malen, doch ich muß meine Ungeduld bezähmen. Ich werde das Bild erst morgen beenden. Dabei befolge ich einen weiteren, nicht minder wertvollen Rat Leonardo da Vincis, der schon darauf hingewiesen hat, daß der Künstler Abstand zu seinem Werk gewinnen muß:

> „Du solltest dich erheben und dich ein wenig ausruhen. Wenn du dein Werk anschließend erneut siehst, kannst du es besser beurteilen, als wenn du es nie aus den Augen gelassen hättest. Du mußt etwas zurücktreten, damit dein Werk kleiner erscheint und du es mit einem Blick umfaßt (Das ist von weitem viel leichter als von nahem). Dann erkennst du fehlende Übereinstimmungen, falsche Proportionen der Glieder und eine schlechte Wiedergabe der Gegenstände sofort."

Dritte und letzte Sitzung mit Ölfarben
Allgemeine Wahl der Formen und der Farben
Endgültiges Ergebnis (Abbildung 142 und 143)

Betrachten Sie die Abbildungen 142 und 143. Die zweite zeigt eine Vergrößerung des Kopfes.

Die Farben sind noch lange nicht trocken. Man kann sie noch phantastisch übermalen.

Ich betrachte mein Bild im Spiegel. Ein paar Dinge müssen noch geändert werden. Der Hintergrund gefällt mir nicht, und der Körper ist zu breit.

Ich male den Hintergrund noch einmal, und lasse die Bilder fort. Auf der beleuchteten Seite des Kopfes erscheint er etwas dunkler und hinter den dunklen Farben des Kopfes etwas heller.

Ich male ohne Unterlaß.

Ich überarbeite die Nase, befasse mich noch einmal mit den Augen, kehre zur Nase zurück . . .

Diese verflixte Nase! Ich habe mich zu lange bei ihr aufgehalten. Am Ende sieht sie wegen der zahlreichen Pinselstriche und Retouchen zu vollendet und zu wenig spontan aus.

Man muß unbedingt rechtzeitig aufhören können!

Die Farbe der Schildpattbrille ist kein Problem: Schwarz (ohne die Farbe Schwarz) aus Smaragdgrün, Umbra gebrannt und Karmin mit einer Mischung aus Kadmiumgelb und Ocker, um es heller und glänzender zu halten.

Schließen Sie die Augen halb, um die Einzelheiten auszuschalten und nur das Wesentliche zu erkennen. Auf diese Weise können Sie besser zusammenfassen und sich mit wenigen Tupfern und Pinselstrichen ausdrücken.

Ich male die Streifen im Hemdstoff und berücksichtige die Wirkung von Licht und Schatten. Zwischendurch reinige ich immer wieder Pinsel, Palette und Farben. Ich arbeite langsam und gewissenhaft, als handelte es sich um den wichtigsten Teil des Bildes.

Die Augen sind fertig. Das linke, das sich im Schatten befindet, hat mir erhebliche Probleme bereitet: Entweder war es zu hoch oder zu tief. Die Moral von der Geschichte: Manchmal muß man zwanzigmal korrigieren.

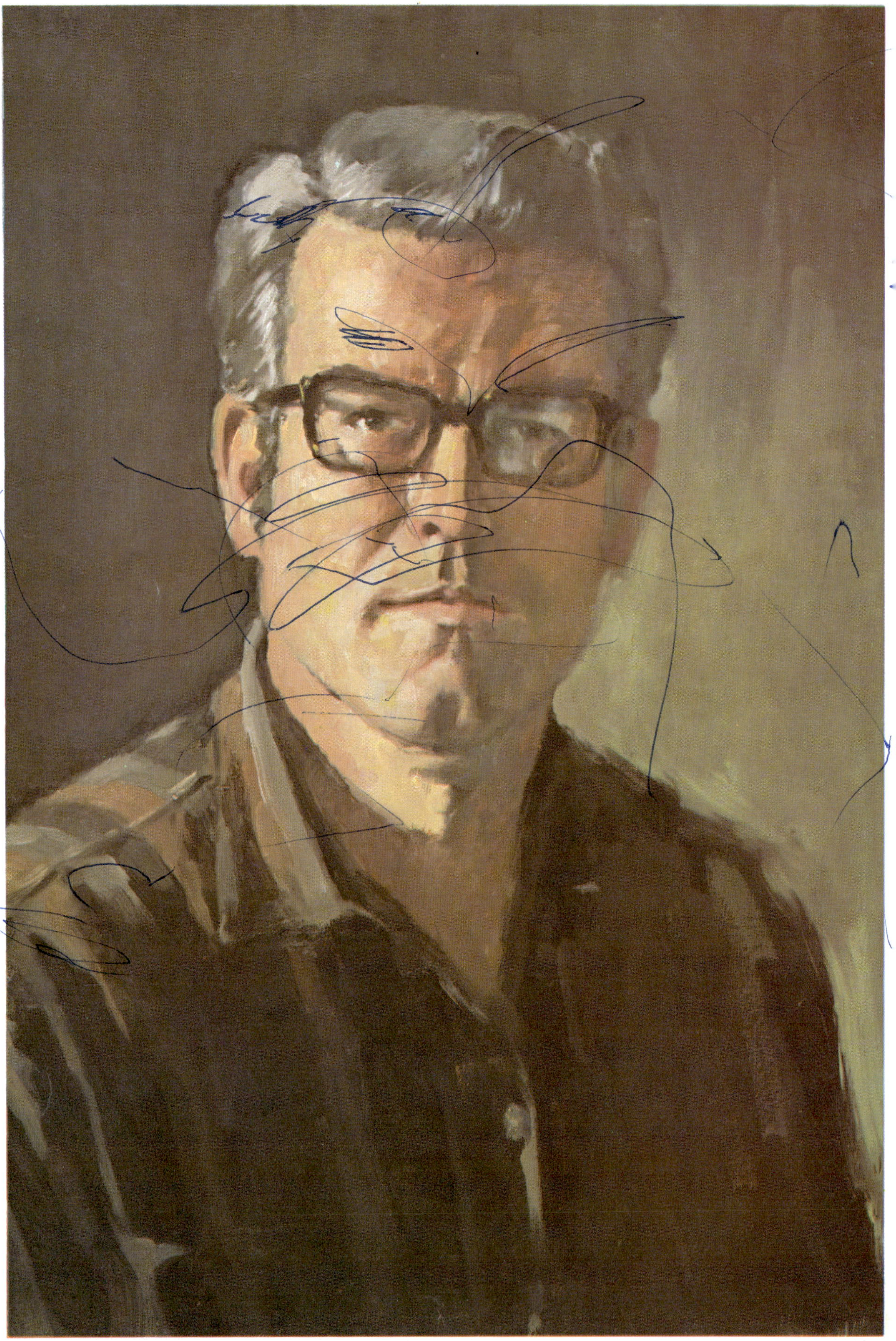

Abb. 142

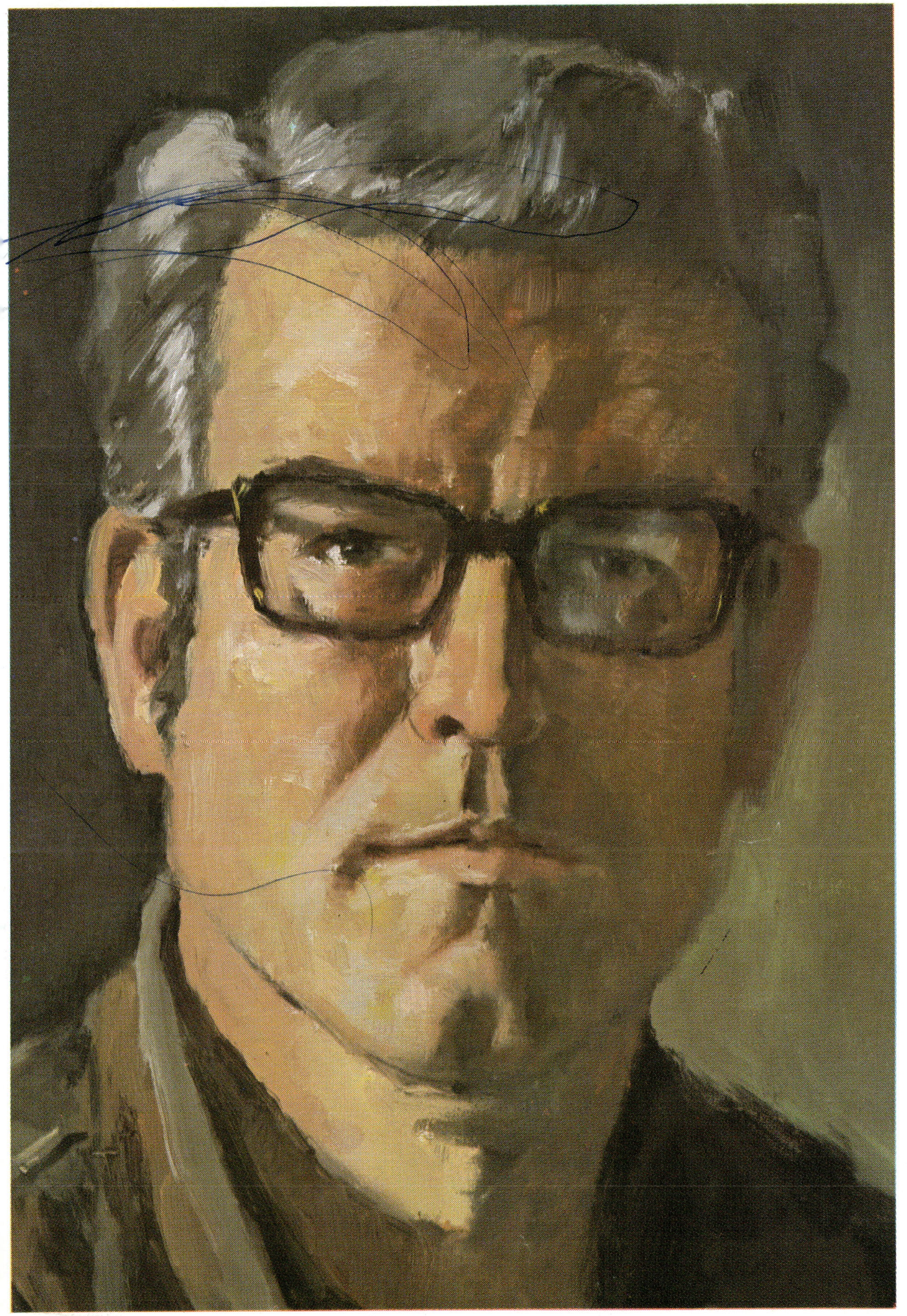

Abb. 143

Ich verschmälere den Körper auf der unbeleuchteten Seite in Höhe der Schultern und vermittle aufgrund der verwischten Begrenzungen den Anschein eines Spielraums zwischen dem Hintergrund und dem Umriß der Schulter.

Endlich male ich die intensiven, glänzenden Stellen des Bildes. Das macht richtig Spaß! Ein winziger weißer Punkt auf jedes Auge, und schon beginnen sie zu leben. Einige Tupfer Gelbrosa und viel Weiß auf die Nase, das Kinn, die Wangen – und schon besitzen sie Volumen.

Jetzt brauche ich mein Werk nur noch zu signieren. Erledige ich es nicht sofort, wird nie mehr etwas daraus.

Das war's. Mein Selbstporträt ist fertig. Sie sind den einzelnen Schritten und meinen Ratschlägen gefolgt. Natürlich werden Sie nicht schon beim ersten Mal ein zufriedenstellendes Ergebnis erhalten. Verlieren Sie jedoch nicht den gleich den Mut. Versuchen Sie es noch einmal; denn erst nach zahlreichen derartigen Übungen gelangen Sie zu wahrer Meisterschaft und können dann auch Porträts von anderen Personen herstellen.